beSonder

Christoph Breinschmid und Elisabeth Plöchl

Jeden Tag etwas mitgehen lassen

Zwei Radler, eine Entdeckungsreise und

jede Menge inspirierende Geschichten

© 2020 beSonder OG
1. Auflage
www.besonder.at

Christoph Breinschmid und Elisabeth Plöchl
Jeden Tag etwas mitgehen lassen
Zwei Radler, eine Entdeckungsreise und jede Menge inspirierende Geschichten

Alle Rechte vorbehalten.

Herausgegeben von: beSonder OG
Lektorat: Schreibamt, Mag. Cornelia Czaker
Covergestaltung: Mag. Christoph Angster
Umschlagfotos: Privat, Stefan Rotter (Wachau), Balate Dorin (Marrakesch)
Fotos im Buch: Privat
Illustrationen: Elisabeth Plöchl und Christoph Breinschmid

ISBN-13: 978-3-200-06959-6

Gedruckt und gebunden durch Friedrich Druck & Medien GmbH

*Für die zahlreichen Personen, die uns
in unserem Leben inspiriert haben.*

INHALT

Vu

Nîmes

Barcelona

Castellón

Valencia

Alicante

Málaga

Larache

Rabat

PROLOG

I am a part of all that I have met.

Alfred Tennyson

Ich bin ein Teil aller Menschen, denen ich je begegnet bin.

»Was willst du noch machen, bevor du stirbst?«

Diese Frage mussten wir erst einmal sacken lassen. Was wollten wir in unserem Leben denn wirklich noch machen? Einer Karriere nachjagen? Ein Haus bauen? Kinder kriegen? Mehr Zeit mit Freunden und der Familie verbringen? Alle Länder bereisen? Die Welt verändern? Berühmt werden?

Die Sinnfrage kommt bekanntlich oft genug im Leben. Meistens kann man ihr jedoch gut entkommen. Schließlich gibt es immer ganz wichtige Dinge, die man zuvor erledigen muss. Die Rechnungen werden durchs Philosophieren nicht bezahlt, die Wäscheberge vom Sinnieren nicht kleiner und die Kilos auf der Waage durchs Nachdenken nicht weniger.

In diesem konkreten Moment, im Juni 2019, konnten wir uns allerdings vor einer Antwort nicht mehr drücken.

»Wos woullts'n nou mochn, bevor die Zeit umi is?«, »bellte« uns ein Wanderer am Weg hinauf zum Hochschwab in tiefem Steirisch entgegen. Tags zuvor hatten wir uns aus unseren Dienstverhältnissen verabschiedet, um uns in neue berufliche Abenteuer zu wagen. Am Folgetag planten wir, unsere vielen Gedanken in eine potentielle Selbständigkeit umzuwandeln, als wir schon Rede und Antwort stehen mussten.

Wir stießen nämlich zufällig auf Peter, mit dem wir einige Höhenmeter gemeinsam bestritten. Peter, in seinen Siebzigern, fragte uns, ob wir von der letzten Arbeit wirklich direkt in die nächste springen wollten. Er selbst bereue es, nicht schon in jungen Jahren ausgedehnte Wanderungen und Reisen gemacht zu haben. Das wäre damals, anders als heute, natürlich nicht so leicht gewesen. Jetzt sei es ihm aus gesundheitlichen Gründen nicht mehr möglich.

Wir marschierten lediglich ein paar Minuten mit Peter, doch seine Worte ließen uns nicht mehr los. Immerhin schwebte uns schon lange vor, mit dem Fahrrad nach Rom zu fahren. Warum also nicht diese Gelegenheit gleich beim Schopfe packen?

Drei Tage später saßen wir tatsächlich auf unseren Drahteseln und strampelten in neun Etappen bis in die Hauptstadt Italiens. Neben wunderschönen Landschaften und allerlei »wilden« Erlebnissen lernten wir dabei vor allem unzählige inspirierende Menschen kennen.

So entschieden wir uns, an diese letzten Endes viel zu kurze Reise, eine weitere, noch längere »Ausfahrt« bis nach Marokko anzuhängen. Während dieser wollten wir uns jedoch intensiver mit den Menschen am Weg beschäftigen. Schließlich hatten wir auf der Fahrt nach Rom erkannt, dass wir für unsere neuen beruflichen Ziele und ganz generell für unser Leben noch viel von anderen lernen konnten.

Deshalb hatten wir uns zum Ziel gesetzt, jeden Tag zumindest eine bereichernde Geschichte von Personen auf der Strecke, symbolisch ein »Puzzleteil«, mitzunehmen. Dies gelang uns mal besser und mal weniger gut, denn manchmal war es ganz offensichtlich, um welche Inspirationen es sich handelte. An anderen Tagen mussten wir genauer hinsehen und häufiger aktiv das Gespräch suchen, um eine Erkenntnis zu erlangen.

Im Endeffekt baut jeder Mensch während seiner Lebenszeit sein ganz eigenes Puzzle. Wenn man sich dabei immer wieder mit anderen umgibt, erweitert es sich Teil für Teil und wird bunter und größer. Bleibt man tagein, tagaus mit denselben Ansichten und Meinungen konfrontiert, wird das Puzzle des Lebens nur wenige unterschiedliche Formen haben. Fertig ist es trotzdem, aber es ist eher simpel und einfarbig. Eventuell wird man sich zu einem späteren Zeitpunkt die Frage stellen, ob es nicht klüger gewesen wäre, weitere Teile hinzuzufügen.

In unserem Fall ist klar: Ohne das Gespräch mit Peter am Berg wären wir nicht nach Rom gefahren. Ohne unsere Begegnungen bis Rom wären wir nicht nach Marokko geradelt. Ohne die Eindrücke auf dem Weg nach Marokko wäre es nie zu beSonder gekommen.

Dabei stand es ursprünglich nicht am Plan, ein Buch über die Reise zu schreiben. Als wir jedoch die zahlreichen Notizen über unsere faszinierenden Begegnungen nach unserer Rückkehr durchgelesen hatten, wussten wir, dass wir diese unbedingt weitertragen wollen.

Dieses Buch, wie beSonder ganz generell, ist eine Möglichkeit, sein eigenes Puzzle zu erweitern, indem man sich mit neuen Geschichten umgibt. Es ist allerdings keine Schritt-für-Schritt-Anleitung, die für jedes Leben gleichermaßen anwendbar ist. Daher sind die in den folgenden 34 Kapiteln von uns dargestellten Erkenntnisse nur mögliche Inspirationen. Wie überall im Leben kann man sich also die Puzzleteile mitnehmen, die für einen selbst passen. Die anderen lässt man einfach liegen – vielleicht eignen sich diese ja für eine andere Person.

»Was willst also du noch machen, bevor du stirbst?«

Das kann ebenso jeder Mensch nur für sich selbst beantworten.

Wir haben in jedem Fall beschlossen, ab dem Zeitpunkt unserer Abreise nach Marokko, *jeden Tag etwas mitgehen zu lassen*: nämlich Geschichten, Eindrücke und Inspirationen von Menschen, die uns begegnen, damit wir im Endeffekt unser eigenes Leben noch facettenreicher gestalten können.

BEVOR ES LOSGEHT ...

Wie jetzt? Eine weitere Textpassage zwischen dem Prolog und dem ersten Kapitel? Keine Sorge. Es folgt keine lange Gebrauchsanweisung zum Lesen dieses Buches. Da allerdings kaum ein Produkt ohne Beipackzettel in die Regale kommt, möchten wir ebenso ein paar generelle Infos zur »Anwendung« teilen.

Wie soll man dieses Buch also lesen?

Am besten von vorne nach hinten. Wer hingegen noch nie ein Freund von Geduld war, kann es gleichermaßen von hinten nach vorne lesen. Oder gar in der Mitte beginnen? Im Prinzip ganz egal. Idealerweise trotzdem möglichst alles davon. Man will ja im Leben nichts verpassen.

Bitte auch sprachlich nicht verwirren lassen! Diverse Fremdwörter und Dialekte wurden teilweise übersetzt, teilweise jedoch nicht, um einerseits den lokalen Charme widerzuspiegeln, andererseits um verständlich zu bleiben. Wenn ein Spanier also in einem Satz mehrfach zwischen Spanisch und Deutsch wechselt, hängt das nicht mit einem schlechten Lektorat zusammen. Zumindest nicht zwangsläufig.

Zusätzlich wurden die Namen sowie ein paar wenige Merkmale einiger Personen abgeändert, um die Persönlichkeitsrechte nicht zu verletzen. Vor diesem Hintergund wurde weitestgehend auf die Veröffentlichung von Bildern mit fremden Personen verzichtet.

Eine letzte sprachliche Anmerkung: Um das Buch so simpel wie möglich zu halten, haben wir uns auf die männliche Schreibform beschränkt. Simpel, wie der männliche Verstand. ;-)

Wir hoffen trotzdem, möglichst alle Leserinnen und Leser gleichermaßen anzusprechen und zu erreichen.

ALLER ANFANG IST ...
... VOLLER ERWARTUNGEN

It is always with the best intentions that the worst work is done.

Oscar Wilde

Die übelsten Werke sind stets mit den erhabensten Vorsätzen begonnen worden.

CHRISTOPH

»Den Mistkübel stellt's ma nachher aber wieder auf seinen ursprünglichen Platz z'rück!«

Vielleicht hatten wir uns diese Meldung verdient. Schließlich strahl-
ten wir beide, Elisabeth und ich, wie Grinsekatzen Richtung verscho-
benen Mistkübel, auf dem wir unser Handy für ein letztes Foto vor der
Abreise platziert hatten. Gleichzeitig war es eine durchaus harte Verabschiedung der, ein wenig in die Jahre gekommenen, Frau Nachba-
rin. Den Mistkübel hätten wir ohnehin wieder auf seine ursprüngliche
Position zurückgestellt. Darüber hinaus wollten wir gerade losradeln,
um jede Menge tolle Leute kennenzulernen. Was sollte da jetzt diese
schlaue Belehrung für ein Zeichen sein? In jedem Fall machte sie uns
das Wegfahren von zu Hause eine Spur einfacher.

Startpunkt der Reise war unser Wohnort, Baden bei Wien. Eigentlich
heißt die Stadt nur Baden. »Bei Wien« ergänzen wir Badener jedoch gerne, wenn wir nach Kosmopoliten klingen wollen. Wenn es um die schönen, grünen Landschaften, den Hang zur Natur und zu den »Bergen«
sowie den exzellenten Wein geht, sind wir hingegen nur Badener, fernab der großen Trubel-Stadt. Da wir in der unweit entfernten Großstadt
unseren ersten Zwischenstopp machen wollten, eignet sich in diesem
Fall »Baden bei Wien« allerdings sehr gut.

Wien ist und bleibt für uns besonders faszinierend. Regelmäßig zur lebenswertesten Stadt der Welt gekürt und gleichzeitig vor allem für den Grant seiner Einwohner bekannt. Insbesondere »Expats«, also »Zuagraste«, klagen häufig über den aus ihrer Sicht unfreundlichen Umgangston und sehen es als Herausforderung, neue Freunde zu finden. Den Kulminationspunkt auf der Wiener Grant-Skala erzielen in der Regel die Kellner in den legendären Wiener Kaffeehäusern. Genau diesen bekamen wir gleich nochmals ordentlich zu spüren:

»Für wos glaubt's ihr, dass es an Radlständer gibt?«

Generell legen wir beide nicht allzu viel Wert auf Besitz. Unsere Räder werden aber definitiv wie kleine Babys von uns behandelt. Wien ist darüber hinaus nicht ganz unbekannt dafür, dass hin und wieder ein höherpreisiges Fahrrad vom Fahrradständer entwendet wird. Nicht gerade unser Wunschszenario für Tag eins unserer Reise nach Marokko. Daher entgegnete ich:

»Äääähmmm ... Wissen Sie, wir wollten nur kurz einen Kaffee trinken und dachten, es wäre in Ordnung, wenn wir in dieser Zeit unsere Räder vorsichtig an die Wand ...«

»Wos es denkt's, is mir wurscht. Die Radln entweder rüber zum Ständer oder Abflug!«

Bum. Die nächste Meldung, die ordentlich gesessen hat. Stand bei unserer Reise auf der Suche nach tollen und inspirierenden Personen: zwei zu null, allerdings für die Grantlermannschaft.

Wir waren knapp davor, das Motto für die Reise auf »Sich als Radfahrer jeden Tag eine mitgeben lassen« umzutiteln. Gleichzeitig würden wir uns von einer Studie mit zwei Teilnehmern auch nicht beirren lassen. Deshalb stellten wir unsere Räder wie erwünscht bei den Fahrradständern ab, genossen einen letzten Kaffee in Wien und gingen abwechselnd alle drei Minuten ums Eck, um zu schauen, ob sie noch da waren.

Kaffee konnten wir an diesem Tag nicht nur aufgrund des Koffeins gut gebrauchen, sondern mindestens genauso sehr aufgrund seiner wärmenden Kraft, denn obwohl es Mitte Juli war, schaffte es das Thermometer nicht über die zehn Grad Celsius Marke.

Während wir daher in Tulln die dicken Handschuhe aus dem Rucksack packten, erblickten wir am Donauufer die erste Person, die unsere volle Aufmerksamkeit gewann.

»Siehst du den da drüben?«, fragte mich Elisabeth verdutzt.

»Den kann man ja geradezu nicht übersehen.«

Vor dem finsteren Grau der Donau und dem beängstigenden Schwarz der Wolkendecke über uns stach eine enge, knallrote Badehose in unsere Augen, getragen von einem Mann um die fünfzig, wohl beleibt und braun gebrannt.

»Lass uns da mal rüber rollen. Mit dem müssen wir einfach reden«, ergänzte ich.

Bereits bevor wir uns zu dieser Reise entschlossen hatten, waren Elisabeth und ich stets davon begeistert, Leute, die etwas aus der Norm stachen, ausfindig zu machen. Da wir selbst gerne anders ticken, wollen wir immer wissen, was sich in diesen Köpfen abspielt. Oft mutmaßen wir nur, welche Geschichten hinter Personen stecken könnten. Für diese Reise nahmen wir uns aber vor, tatsächlich nachzufragen – so unbeholfen das manchmal klingen mochte.

»Sie lassen sich Ihren Sommerurlaub wohl nicht gerne von externen Bedingungen vermiesen«, war mein erster Versuch für eine solche Gesprächsanbahnung.

»Ach ne, reißt ja gleich auf. Außerdem muss man der Kälte die gleiche Liebe entgegenbringen wie der Hitze«, entgegnete der stämmige Mann mit norddeutschem Dialekt ohne nur ansatzweise zu zittern und setzte gleich fort: »Kennen Sie Wim Hof?«

David Hasselhoff war uns natürlich ein Begriff. Niemand sonst konnte das Tragen einer roten Badehose bei jedem Wetter so exzellent verkörpern wie unser Baywatch-Idol aus der Kindheit.

»Sie meinen The Hoff, richtig?«

»Nein, nein, nicht David Hasselhoff. Wim Hof, den Iceman.«

Nachdem wir uns beide ratlos angesehen hatten, fing Theo, der Kälteliebhaber aus Tulln, an, auszuholen. Wim Hof sei ein niederländischer Mann der Extreme, der eine Vielzahl an Rekorden im Ertragen von Kälte halte. Unter anderem wäre er einmal eine Stunde, 52 Minuten und 42 Sekunden bis zum Hals im Eiswasser gestanden, in Shorts und Sandalen am Fuße des Mount Everest herumspaziert und in selbigem Equipment einen Marathon nördlich des Polarkreises gelaufen. Wie wir weiters erfuhren, sei dies jedoch nicht verrückt, sondern stärke das Immunsystem und ließe einen den Körper viel intensiver spüren, als dies sonst irgendwie möglich wäre. Theo hatte vor ein paar Jahren einen Wim Hof-Kurs absolviert und konnte seither nicht mehr davon lassen.

Wir hatten mit vielem gerechnet, aber dass das erste »Puzzleteil«, das wir mitgehen ließen, vom Ertragen extremer Kälte handeln würde, mitten im Juli, war dennoch völlig unerwartet. Unerwartet war uns allerdings sowieso am liebsten.

Daher bedankten wir uns für die ausführliche Auskunft, wünschten ihm ein schönes Eisbad und notierten uns den Namen Wim Hof für eventuelle Nachahmungsversuche in der Zukunft.

Während wir durch die in voller Marillenpracht stehende Wachau radelten und uns angesichts des aufkommenden Heißhungers zwei, drei davon stibitzten, wurde uns erstmals bewusst, wie weit es bis Marokko war. Die ersten Ermüdungserscheinungen machten sich bemerkbar und vermischten sich mit leichten Zweifeln, ob unser Vorhaben wirklich realisierbar war.

Unser Grübeln fand jedoch ein abruptes Ende, als wir eine sichtlich überforderte Dame »in« einem Baum entdeckten. Zunächst machte sie keine Anstalten, als bräuchte sie Hilfe. Nachdem sie erkannt hatte, dass wir keine aufgebrachten Bauern waren, nahm sie unser Angebot, sie von der Leiter »zu pflücken«, aber gerne an. Sie hatte sich beim Stehlen der Marillen offensichtlich überschätzt. Nun bot sie uns als Dank einige Früchte aus ihrem Diebesgut an, stieg gleich darauf allerdings wortlos in ihr Auto und düste davon.

Elisabeth sah mich perplex an.

»Heute kommt irgendwie alles anders, als wir es erwartet hatten, oder?«, fragte sie mich, während ich mir die dritte Marille in weniger als einer Minute hineingeschoben hatte.

»Stimmt. So müssen wir eben unser Vorhaben, jeden Tag etwas mitgehen zu lassen, ausnahmsweise ein bisschen wörtlicher nehmen.«

Elisabeth schüttelte den Kopf und verdrehte die Augen. Dennoch über meinen seichten Humor schmunzelnd, stieg sie auf das Fahrrad und sauste ebenso wie die »Frau aus dem Baum« davon. Zwei Marillen später rollte ich ihr hinterher.

Für unsere erste Nacht wählten wir ein Dreisternehotel in Pöchlarn, um, aus Radfahrersicht, die Reise mit etwas Luxus zu starten. Voller Überzeugung, nun mit weiteren inspirierenden Geschichten fortsetzen zu können, traf uns folgende Bemerkung umso härter:

»Breinschmid, Plöchl? Hamma ned auf unserer Buchungsliste. Ham's a Buchungsbestätigung? Weil wenn's glauben, dass' auf diese Weise leichter a Zimmer kriegen, haben's erna täuscht.«

Auch die dritte angriffige Meldung an diesem Tag hatte sofort gesessen. *Nichts auf der Welt ist so unwiderstehlich ansteckend wie Gelächter und gute Laune*«, hatte Charles Dickens einmal gemeint. In Wien Umgebung war er wohl nicht zu diesem Schluss gekommen.

Die Buchungsbestätigung war dafür rasch gefunden. Der Hund lag – wie so oft – im Detail begraben. Die Reservierung lief auf den Namen unserer Buchungsplattform. Eine Entschuldigung für die recht harsche Ansage gleich zu Beginn gab es vorerst keine.

Als wir uns im Restaurant nebenan unsere Marillenknödel zum Abendessen holten, kam allerdings etwas Klarheit in die Sache. Am Nebentisch saß eine Gesellschaft aus dem Ort, die uns erzählte, dass sich die Dame an der Rezeption gerade in einem Rosenkrieg befände, woraufhin jede Kleinigkeit zu großer Aufregung führe und insbesondere jeder Mann ein Dorn im Auge sein könne. Dies hatte offensichtlich solche Ausmaße angenommen, dass der ganze Ort darüber Bescheid wusste. Da konnten wir ebenso nur mehr schmunzeln.

Zurück im Zimmer wussten wir, dass es Zeit war, unsere erste unerwartete »Lehre« in die Praxis umzusetzen. Zuerst die Beine, dann die schmerzhafte Körpermitte, über Herz und Lunge hinauf zum Hals und zu guter Letzt über den Kopf prasselte das eiskalte Wasser. Eine Mischung aus völliger Atemnot und herrlicher Frische machte sich in mir breit, doch besonders das Gefühl danach war unbeschreiblich.

»Also, das werden wir von nun an fix jeden Abend machen!«, rief ich Elisabeth voller Euphorie zu.

»Warte erstmal, bis der Schwindel vorbei ist. Dann kriegst du zusätzlich einen klaren Kopf!«

»Denkst du etwa, der macht uns das Reflektieren nach diesem verrückten Tag leichter?«

Unser Vorsatz für diesen Trip war es ja, möglichst viele bereichernde Geschichten von Menschen entlang unserer Strecke mitzunehmen.

Bilanz dieses Tages: drei Mal völlig aus dem Nichts angefahren, einmal nach einer Hilfestellung praktisch wortlos verlassen und eine völlig unerwartete »Lehre« zum eiskalten Duschen mitten im Juli.

»*Die übelsten Werke sind stets mit den erhabensten Vorsätzen begonnen worden*«, schrieb Oscar Wilde. War unser Vorsatz also vielleicht gar zu naiv? Unser Vorhaben zum Scheitern verurteilt? Die Erwartungen viel zu hoch angesetzt? Oder versuchten wir vielleicht zu krampfartig, tolle und inspirierende Geschichten zu entdecken?

Nur, weil wir nun auf Ausschau nach positiven Begegnungen waren, hieß es im Umkehrschluss nicht, dass die jeweiligen Personen ihren besten Tag haben mussten. Gleichzeitig fanden wir die frechen Bemerkungen auf ihre Art genauso lustig – selbst wenn sie vielleicht nicht »inspirierend« waren.

Für den nächsten Tag nahmen wir uns in jedem Fall vor, unsere Erwartungshaltung zu lockern.

UNGUT SIND IMMER NUR DIE ANDEREN, RICHTIG?

Car il suffit pour y voir clair de changer de perspective.

Antoine de Saint-Exupéry

Um klar zu sehen, genügt oft ein Wechsel der Blickrichtung.

ELISABETH

»Guten Morgen!«, schrillte es in unser Zimmer.

Langsam öffneten sich unsere Augen, aber wir realisierten nicht ganz, woher das Geräusch soeben gekommen war.

»Guten Mooorgen!«, ertönte es erneut aus dem Flur.

Wir gingen zur Tür und die Rezeptionistin vom Vorabend stand frisch und munter vor uns.

»Ihr wolltet ja einen Weckdienst. Hier bin ich! Das Telefon funktioniert nicht oder ihr habt einen sehr tiefen Schlaf. Wie auch immer, das Frühstück ist fertig. Einfach der Nase nach«, sagte sie mit einem Lächeln im Gesicht, bevor sie sich umdrehte und heiter zurück marschierte.

Wir mussten schmunzeln und waren über ihre gute Laune überrascht. Dass uns ein und dieselbe Person um sechs Uhr morgens ein Grinsen in unsere verschlafenen Gesichter zaubern würde, während sie uns am Vorabend am liebsten vor die Türe geschmissen hätte, war nicht wirklich zu erwarten gewesen. Den Morgen versüßte uns diese Begegnung aber allemal. Vielleicht mussten wir unsere Erwartungshaltung, wie am Vortag befürchtet, doch nicht grob retour schrauben.

Hurtig zogen wir unser Radgewand an, scherzten währenddessen über unsere ersten Schmerzen und spielten in unserem Kopf Fantasie-Szenarien durch, wie der Tag eventuell aussehen könnte. Wenngleich uns dabei klar war, dass wir ohnehin bis zum Abend keine vorab geplante Minute mehr haben würden.

Der betörende Duft von frischem Kaffee lockte uns in den Gemeinschaftsraum, wo ein spannendes Frühstück auf uns wartete: Leberkäse mit Eiern, dazu Sahnejoghurt und Marillenmarmelade.

»Eine interessante Kombination für sechs Uhr morgens. Ich glaube, das ist mir ein bisschen zu ungesund zu so früher Stunde«, meinte ich verhalten zu Christoph.

»Wir haben für diesen Tag rund 180 Kilometer auf dem Sattel geplant. Ich glaube, da braucht's ein bisschen mehr als Kamillentee im Tank.«

Kaum hatte er den Satz beendet und ich in Folge meine Meinung geändert, stand ich mit einem Teller in der Hand vor ihm.

»Du hast Recht! Unsere Muskeln schätzen gerade bestimmt keine Diät!«

Mit vollem Bauch verabschiedeten wir uns von der Rezeptionistin und holten unsere Fahrräder aus dem dunklen und verstaubten Keller.

»Pfiat eich! Kommt's gern wieder!«, rief sie uns winkend zu, als wir losfuhren.

War denn etwa der Rosenkrieg mit ihrem Mann zu ihren Gunsten ausgegangen oder hatten wir sie am Vortag lediglich auf dem falschen Fuß erwischt? Leicht verwirrt, aber glücklich und optimistisch begannen wir mit dem ersten Streckenabschnitt. Nach so einem überraschenden Start in den Tag konnte es nur fantastisch weitergehen, dachten wir.

Tatsächlich war es wolkenlos und die Sonnenstrahlen kitzelten unsere Gesichter, wodurch die Stunden auf dem Rad wie im Flug vergingen.

»Pa-pa-pa-pa-pa-pa-Papagena!«, fing ich aus meiner guten Laune heraus an zu singen.

»Pa-pa-pa-pa-pa-pa-Papageno!«, setzte Christoph meine Ausflüge in die Zauberflöte fort.

»Pa-pa-pa-pa-pa-pa-Papagena!«, begann ich erneut zu trillern, da stimmte aus heiterem Himmel jemand mit »Pa-pa-pa-pa-pa-pa-Papageno« ein, dessen Stimme ich nicht kannte.

Erschrocken drehten wir uns um und entdeckten einen kleinen Mini-Chor auf Fahrrädern, der uns in der Sekunde verstummen ließ.

Nachdem wir die Herrschaften hinter uns kurz mit großen Augen und einem leicht rötlichen Gesicht angestarrt hatten, fingen wir an zu lachen.

»Wo soll's hingehen, ihr zwei Opernsänger?«, witzelte einer von ihnen.

»Nach Marokko«, sangen wir ungewollt mehrstimmig zurück.

»Na, wui. Hoffentlich radelt ihr besser, als ihr singt. Viel Glück für euer Abenteuer und behaltet eure gute Laune bei«, meinten sie, bevor sie sich mit dem Refrain des Liedes »Time to say goodbye« verabschiedeten und eine andere Richtung einschlugen.

Nachdem wir unsere Opern-Tour beendet und »Bicycle Race« von Queen zum bestimmt zehnten Mal in Folge zum Besten gegeben hatten, fühlten wir uns langsam, aber sicher erschöpft. Zunächst versuchten wir vergnügt weiterzufahren, kurz vorm Ziel war allerdings kaum noch etwas von unserer Fröhlichkeit zu spüren und die leichte Erschöpfung mündete in eine unüberbrückbare und quälende Müdigkeit. Leicht gereizt suchten wir, anfänglich vergebens, nach einer Möglichkeit, eine rasche Pause einzulegen. Schon faszinierend, wie aus überdurchschnittlichem Optimismus ganz plötzlich tiefster Unmut entstehen kann. Dabei war dies kein überraschendes Phänomen in unserem Leben. Wir waren Meister darin, lange Strecken zu unterschätzen und bei Unterzuckerung direkt emotional zu reagieren. Wirklich daraus lernen wollten wir ganz offensichtlich nicht.

Als wir nach einiger Zeit endlich ein Café fanden, wo wir uns hinsetzen konnten, waren wir bereits tief in unserer Frustration gefangen und unsere Blicke hätten mit der Aufschrift »Achtung, bissig!« versehen werden können.

Ein Kellner kam, um unsere Bestellung aufzunehmen und versuchte einen Scherz zu machen.

»Ihr seht aus, als könntet ihr eine Ladung Motivation vertragen. Wie wär's mit einem Bier nach vier?«

In mir wütete es.

»Lästiger, frecher Kerl. Sitzt vermutlich die ganze Zeit gemütlich in der Sonne, weil ohnehin keine Kundschaft weit und breit zu sehen ist und glaubt dann den Österreichischen Kabarettpreis gewonnen zu haben«, dachte ich mir.

Durchaus gemäßigter als in meinen Gedanken, aber trotzdem recht mürrisch murmelte ich:

»Danke, zwei Soda Zitron reichen uns.«

Augenrollend sah ich Christoph an, der sich kaum traute, ein Gespräch mit mir zu beginnen. Gleichzeitig war ihm ebenso anzusehen, dass sein Nervenkostüm nicht mehr ewig halten würde.

Als der Kellner die Getränke auf dem Tisch abstellte, begann es unerwartet zu regnen.

»Irgendwie fühlt es sich an, als würde das Ganze nicht so klappen wollen« fing ich an, aus einer Mücke einen Elefanten zu machen.

»Weißt du, was besonders lustig ist?«, fragte mich Christoph und ich ahnte Böses. »Wir haben gestern Abend das falsche Datum für die Pension gebucht. Die rechnen erst morgen mit unserer Ankunft und sind für heute gänzlich ausgebucht.«

Zunächst versuchten wir, eine Alternative zu finden, doch in näherer Umgebung waren keine Schlafmöglichkeiten verfügbar.

Die Verzweiflung stand uns ins Gesicht geschrieben, als wir sahen, dass der Kellner wieder in unsere Richtung schlenderte. Kurz bevor wir etwas sagen konnten, meinte er:

»Der einzige Mist, auf dem nichts wächst, ist der Pessimist. Das wusste schon Theodor Heuss. Spaß beiseite, ich glaube, das kommt bei euch gerade nicht so gut an. Kann ich euch irgendwie helfen?«

In diesem Moment waren wir zugegebenermaßen erstaunt und gleichzeitig schämten wir uns für unsere grummelige Art. Erst jetzt stellten wir fest, dass uns der Kellner, den wir zuvor als unsympathisch bezeichnet hatten, tatsächlich sehr freundlich behandelte und wir im Gegenzug die humorlosen »Ungustln« waren. Wie so oft kam diese Erkenntnis allerdings ein paar Minuten zu spät. Nachdem wir uns also am Vorabend erst über grantige Leute amüsiert hatten, waren wir nun selbst in diese Rolle geschlüpft und das im Endeffekt wegen eines Traubenzuckers zu wenig.

Wir erzählten ihm von unserem Unterkunfts-Dilemma, als er auch schon aufsprang und meinte, dass er geschwind etwas holen müsse.

Im Handumdrehen kam er mit einem Post-It zurück, auf dem eine Nummer stand.

»Ruft's da an! Das ist eine alte Hufschmiede im Nachbarort und unter der Woche haben die bestimmt einige Zimmer frei. Wenn das nicht klappt, gibt es sicherlich weitere Alternativen.«

»Vielen Dank. Sie helfen uns wirklich aus der Patsche. Entschuldigen Sie bitte unsere gereizte Stimmung von vorhin. Wir waren einfach müde und haben übertrieben reagiert«, versuchte ich mich zu entschuldigen.

»Ich bin selbst passionierter Radfahrer und erkenne Unterzucker an der Nasenspitze. Da fiel es mir leicht, mich in eure Gefühlslage hineinzuversetzen. Glaubt mir, ich bin oft genug grantig in solch einer Situation.«

Nach ein paar Minuten im kalten Regen, fanden wir uns glücklicherweise endlich vor der hinreißenden Hufschmiede wieder.

Wir stiegen von den Rädern ab und bewunderten dabei das einmalig schöne, fast märchenhafte Gebäude, als wir eine Dame in der Eingangstüre erblickten, wie sie echauffiert telefonierte.

»Sagen's mal, bin i die Bank? Nur weil das Haus denkmalgeschützt ist, heißt das noch lange nicht, dass ich bei jedem Unwetter zigtausende Euro aufbringen muss und der Staat sich fein raushält. Auf Wiederhören!«

»Diese Gauner!«, schimpfte sie, während sie auf ihr Handy starrte.

Kurz bevor sie völlig aufgebracht die Tür hinter sich zuschlagen wollte, bemerkte sie Christoph und mich mehr oder minder direkt im Vorgarten.

»Kann ich euch helfen?«

»Entschuldigung, wir haben vorhin angerufen und ein Zimmer für diese Nacht reserviert.«

»Ah, ihr seid das. Dann stellt die Räder mal ab und kommt mit«, sagte sie bestimmt und wartete darauf, dass wir ihr folgten. »Hier ist euer Zimmer, Handtücher könnt ihr euch unten holen, wenn ihr keine habt.«

»Wow, das ist ja faszinierend. Da fühlt man sich wie bei Franzl und Sissi«, bemerkte Christoph offenkundig begeistert.

»Das ist mein Lieblingszimmer«, meinte die Dame daraufhin mit weicher Stimme. »Bitte verzeiht, dass ich vorhin etwas ungut war. Ich musste mich nur wieder einmal so mit den Behörden ärgern. Wisst ihr, ich mach das hier so gern und brenne dafür, jeden Tag ein bisschen

Geschichte erhalten zu können. Da die Hufschmiede allerdings denkmalgeschützt ist, muss ich viele Auflagen erfüllen und die Restaurationen meist beinahe zur Gänze aus eigener Tasche bezahlen. Das ist schlicht und ergreifend unmöglich. Sichtlich schafft es aber niemand von den zuständigen Beamten, sich in meine Lage zu versetzen.«

»Das tut mir sehr leid. Ich kann mir vorstellen, dass das wahnsinnig ärgerlich ist«, entgegnete ich bewegt.

»Ich verstehe einfach nicht, wieso man es Menschen wie Ihnen, die sich so redlich bemühen, so schwer machen muss. Anstatt zu honorieren, was Sie tun, werden Ihnen zusätzlich Steine in den Weg gelegt. Das ist absurd«, verlieh Christoph seinem Unmut Ausdruck.

»Wisst ihr, es tut gut, das hin und wieder von außenstehenden Personen zu hören. Das gibt mir das Gefühl, dass ich vielleicht doch nicht ganz falsch denke. Danke dafür. Macht es euch bequem, ich bring gleich ein paar frische Handtücher.«

Darüber hinaus holte sie uns etwas zu trinken und meinte, sie hätte in der Küche eine kleine Jause für uns hergerichtet und würde sich freuen, diese gemeinsam mit uns zu essen.

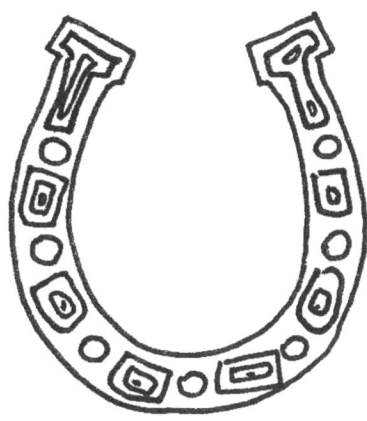

»Spannend, wie sich die Stimmung verändert, wenn man versucht, sich in den anderen hineinzuversetzen«, meinte Christoph, als wir Richtung Küche spazierten.

»Wie man heute auch bei dem netten Kellner gesehen hat. Ungut sind wohl nicht immer generell die anderen, sondern vielmehr jene, die es nicht schaffen, andere Blickwinkel einzunehmen«, erwiderte ich, als wir die Türe öffneten und uns wunschlos glücklich an den mehr als reichlich gedeckten Tisch setzten.

SCHEINBAR UNSCHEINBAR

*You can make more friends in two months
by becoming interested in other people than
you can in two years by trying to get other
people interested in you.*

Dale Carnegie

*Du kannst in zwei Monaten mehr Freundschaften schließen, indem du
dich für andere interessierst als in zwei Jahren, in denen du versuchst,
andere Leute von dir zu überzeugen.*

CHRISTOPH

Nach zwei intensiven Tagen freuten wir uns darüber, dass der Wetterbericht für diesen Morgen Starkregen und erst ab Mittag Sonne angesagt hatte. Somit konnten wir ohne schlechtes Gewissen den Wecker erst für 08:30 Uhr stellen, den Regen schön bei Sissi und Franzl im kaiserlichen Zimmer verschlafen und dann als Schönwetter-Radler die Sonne genießen. Dass es genau andersrum kommen sollte, war eine andere Sache.

Als wir daher bei strahlendem Sonnenschein und gleichzeitig herannahenden Gewitterwolken erwachten, wurden wir etwas panisch. Dennoch freuten wir uns auf unser letztes klassisch österreichisches Frühstück: zwei Semmeln mit Butter und Marmelade, dazu einen Teller mit Schinken und Käse sowie ein weiches Ei auf Nachfrage – serviert von der Hausherrin persönlich.

Sie war in der Tat eine beeindruckende Frau: nach außen hin völlig unscheinbar und doch, wenn man ihr zuhörte, voller spannender Geschichten.

Angesichts der vorangeschrittenen Uhrzeit und der heranrasenden Gewitterwolken, beschlossen wir, die Etappe kurz zu halten und nicht allzu weit entfernt von Passau zu übernachten, um am nächsten Tag wieder voller Elan Kilometer abspulen zu können.

Wir wussten jedoch, dass wir nicht immer die einzigen waren, die einen solchen Entschluss fassen konnten. Passau selbst war uns zu nahe, um dort schon die Etappe zu beenden. Danach gelang es uns via Online-Suche nicht, auf den nächsten hundert Kilometern eine passende Unterkunft zu finden. Passend im Sinne von »nicht allzu weit von unserer geplanten Route entfernt«, »kein übertriebener Luxus für zwei Fernradler« und »nicht fürchterlich überteuert aufgrund der knappen Buchungszeit«. Da uns selbst im Passauer Tourismusbüro niemand außerhalb der Ortsgrenzen weiterhelfen konnte, wurde unser Tagesziel letzten Endes das 111 Kilometer von Passau entfernt gelegene Landshut, zwar durchaus etwas abseits unserer ursprünglich angedachten Radroute nach Marokko, aber immerhin ohne großen Luxus und nur bedingt überteuert.

Nachdem sich die Sonne erneut gegen die Wolken durchgesetzt hatte, entschieden wir uns dazu, im hübschen Passau zumindest einen Kaffee zu trinken. Als der Kellner, der offensichtlich unseren Dialekt erkannte, fragte, ob wir nun auf dem Weg nach Wien wären und wir ihm von unserem Plan berichteten, wurde der Mann am Nebentisch hellhörig. Trotz etwas erhöhtem Zeitdruck erzählten wir gerne ausführlicher über unser Vorhaben und erkundigten uns nach seinem Leben. Schließlich hatten wir die letzten Tage erkannt, dass es für unsere Suche nach inspirierenden Geschichten erforderlich sein würde, immer wieder nachzufragen.

Albert war ein bayerischer Historiker, den vor allem das Römische Reich faszinierte, das ein großes Erbe entlang der Donau hinterlassen hatte. Er war ein durchaus fest gebauter Mann in seinen Sechzigern, mit grauem Schnauzbart und eher schütterem Haar. Hätte er zusätzlich eine Lederhose getragen, hätte man sagen können, er glich dem klassischen Münchner Wiesn-Stammkunden.

Nach seinen Studien der Archäologie und Geschichte hatte sich Albert entschieden, gemeinsam mit seiner Frau Ilse, die ebenso Historikerin war, die Welt zu erkunden und dabei an unterschiedlichen archäologisch wertvollen Stätten tätig zu werden. Insgesamt acht Jahre lang reisten die beiden in der Weltgeschichte herum, immer auf der Suche nach den Wurzeln der Menschheit. Die Begeisterung für das Römische Reich hatte sie allerdings nie losgelassen, weshalb sie sich nach ihrer Rückkehr voll und ganz diesem Thema widmen wollten. Mehr als 25 Jahre verbrachten sie fortan damit, den Spuren der Römer in Mitteleuropa nachzuforschen.

Die Frage, wo denn seine Frau nun sei, lag uns bereits auf der Zunge, als Albert den Blick senkte und uns über seinen Schicksalsschlag informierte. Vor einem Jahr war es zu einem tragischen Verkehrsunfall gekommen, bei dem seine Frau verstarb.

»Seither ist es mir praktisch unmöglich, alleine an denselben Orten zu arbeiten, an denen ich früher mit meiner Frau geforscht habe. Das Hirn spielt da einfach verrückt. Das könnt ihr euch nicht vorstellen.«

In der Tat konnte ich mir das nicht vorstellen, beziehungsweise wollte ich es mir gar nicht vorstellen. Seitdem Elisabeth und ich uns kennengelernt hatten, war es selbstverständlich geworden, dass wir unseren Zielen gemeinsam nacheiferten. Die Aussicht, dass dies irgendwann nicht mehr möglich sein könnte, versuchte ich stets zu verdrängen.

»Aber lasst euch von mir bitte nicht runterziehen. Wenn ich Pärchen wie euch sehe, die Leidenschaften teilen, geht mir immer wieder das Herz auf. Passt nur gut auf euch auf!«, meinte er abschließend und wünschte uns alles Gute für unser Vorhaben.

Recht bedrückt begaben wir uns zurück zu unseren Rädern. Angesichts der Tatsache, dass sich die Gewitterwolken wieder formierten und unsere Stimmung dadurch nicht zwingend besser wurde, drehten sich unsere Gedanken noch einige Zeit um Albert und seine verstorbene Frau Ilse.

Es war immer wieder überraschend, welch komplexe Geschichten hinter scheinbar unscheinbaren Personen stecken konnten. Oft wird einem das gar nicht bewusst, da man sich viel zu sehr auf sich und die eigenen Sichtweisen fokussiert.

Wer kennt sie nicht? Treffen mit Freunden, der Familie oder sogar geschäftliche Meetings, bei denen niemand dem anderen nur eine Sekunde Aufmerksamkeit schenkt, sondern vielmehr jeder darum bemüht ist, beim ersten Stichwort eine eigene Anekdote einzubauen, um die Erzählungen des Vorredners zu übertreffen. Vom Mietauto in Italien, das man viel günstiger gebucht hätte als der beste Freund, über den eigenen Nachwuchs, der mit neun Monaten im Gegensatz zu allen anderen in der Familie schon fließend sprechen könne, bis hin zum unvergleichlichen Stress am Arbeitsplatz, der Arbeitszeiten unter siebzig Stunden pro Woche gar nicht mehr zulasse, wird mit Übertreibungen nicht gegeizt. Ich bin dabei natürlich keine Ausnahme, sondern ertappe mich regelmäßig beim Argumentieren an vorderster Front, gerne mit leicht unterschwelligem Ton:

»Marathon unter vier Stunden? Wahnsinn stark! Das war damals ebenso mein Ziel. Dass sich unter 3:30 ausgegangen ist, hat mich selbst überrascht«, wäre ein Klassiker.

Dass es eine Nachfrage zum Marathontraining ebenso getan hätte, wird mir zwar oft im selben Moment bewusst, dennoch setzt sich offensichtlich immer wieder der Sturkopf durch und möchte die eigene Daseinsberechtigung untermauern.

Gelingt es mir doch, umzuschalten und vom unbändigen Redefluss ins Zuhören und Nachfragen zu wechseln, stoße ich nicht selten auf erstaunliche Reaktionen. Viele sind es nämlich gar nicht gewohnt, dass ihnen so viel Beachtung zuteilwird und fangen folglich an, die interessantesten Geheimnisse auszupacken.

Albert war das perfekte Beispiel dafür. Hätten wir uns nicht nach seinem Leben erkundigt, hätten wir ihn heute entweder als bayerischen Wiesn-Trankler in Erinnerung oder völlig vergessen. So wurde seine Geschichte hingegen zu einer der eindrücklichsten auf unserer Reise und insbesondere nach einigen brenzlichen Situationen mussten wir uns intensiv an sein Schicksal erinnern.

Zu unserer nachdenklichen Stimmung gesellte sich kurz nach Passau tatsächlich strömender Regen, wodurch wir in den »Genuss« eines knapp hundert Kilometer langen durchaus erfrischenden Vollbads von oben kamen.

Aber wie hatten wir gelernt? Man muss der Kälte die gleiche Liebe entgegenbringen wie der Hitze.

Selbst durchnässt wie ein Fließgewässer wechselten wir von der Donau zur Vils und weiter zur Isar und erreichten kurz vor 22:00 Uhr unsere Unterkunft in Landshut.

Dort hieß es schnell unter die Dusche, einzig trockenes Wechselgewand anziehen und sofort wieder raus ins italienische Restaurant gegenüber, denn aufgrund der Kälte und Nässe hatten wir den ganzen Tag weder Lust noch Zeit gehabt, etwas zu essen. Wie jedoch jeder Freund der späten Küche in Mitteleuropa weiß, ist selbst in größeren Städten nach 22:00 Uhr jede Küche kalt.

Nun war es 22:20 Uhr. Das Restaurant war menschenleer, weshalb wir anfingen, unser spätes Eintreffen zu erklären, als uns schon entgegnet wurde:

»Schon gut. Jetzt nehmt erst einmal Platz. Der Koch ist eh noch hier.«

Rasch bestellten wir die ersten beiden Gerichte, die uns anlächelten: Pasta Frutti di Mare und Pasta San Daniele, der reinste Genuss für einen leeren Radfahrer-Magen.

Beeindruckt vom zuvorkommenden Service in diesem Restaurant, fragten wir den Kellner, wie es denn möglich sei, zu so später Stunde dermaßen viel Freundlichkeit aufzubringen.

»Als Österreicher sind wir das schließlich nicht gewöhnt«, scherzten wir.

Der Kellner, der sich als Miteigentümer entpuppte, erzählte uns, dass er 2007 mit Bekannten aus Albanien nach Deutschland ausgewandert sei. Einige Jahre jobbte er als Pizzalieferant und ärgerte sich täglich über Beschwerden seitens der Kundschaft. Als er 2018 die Möglichkeit erhalten hatte, gemeinsam mit Freunden diese Pizzeria zu übernehmen, dachte er sich, wer könne besser Pizza machen, als jemand der jahrelang Verbesserungsvorschläge gehört hatte?

Die Tatsache, dass sie nun alleine für ihren Geschäftserfolg verantwortlich waren, ließ sie bei Gästen zu später Stunde ein Auge zudrücken.

Als wir das Restaurant verließen, meinte Elisabeth:

»Was für eine unscheinbare Bude und dennoch sind die Geschichten dahinter so bewegend!«

»Und die Pasta schmeckt besser als in Napoli!«

Trotzdem war es knapp danach offensichtlich, dass der Tag in seiner Gesamtheit über unsere Kräfte gegangen war: das Wetter, die Anstrengung, der ewig leere Magen und dann die »Völlerei«.

Im Hotelzimmer angekommen spürte Elisabeth bereits, dass das eben Gegessene nicht lange im Magen bleiben würde. Dazu gesellten sich extreme Fieberschübe und Gliederschmerzen.

»Wieso erwischt es nicht endlich einmal dich?«, versuchte sie noch humorvoll einzubringen, als sie sich für die nächsten Stunden ins Badezimmer verabschiedete.

SCHUBLADEN GIBT ES DOCH NUR IM KASTEN

Der gesunde Menschenverstand ist nur eine Anhäufung von Vorurteilen, die man bis zum 18. Lebensjahr erworben hat.

Albert Einstein

ELISABETH

»Magst du einen Tag länger hier bleiben und dich erholen?«, fragte mich Christoph mitleidig, als der Wecker um kurz vor 08:00 Uhr zum wiederholten Male klingelte.

Aber wie soll ich sagen ... Das heruntergekommene Zimmer, in dem wir uns befanden, war eher prädestiniert dafür, die Übelkeit weiter voranzutreiben, als sie zu bekämpfen. Außerdem war mein Fieber schon gesunken und ich verspürte einen starken Drang nach Frischluft und Sonnenlicht.

Deshalb machten wir uns nach einem warmen Kräutertee mit trockenem Zwieback bereit zur Abfahrt.

Glücklicherweise waren wir zumindest an diesem Tag klug genug, lediglich eine halbwegs gemütliche achtzig Kilometer Etappe einzuplanen. Überschaubares Tages-Soll also, bei dem einige Pausen gut möglich waren.

Beim Start fühlte ich mich erstaunlicherweise durchaus energiegeladen. Kaum verwunderlich war jedoch die Tatsache, dass sich dieser Zustand ab Kilometer fünf änderte.

»Das wird heute ein lustiger Tag«, meinte ich zu Christoph, dem es ebenso nicht leicht fiel, kraftvoll in die Pedale zu treten.

Relativ unerwartet fing es nach etwa einer Stunde zu allem Überfluss wieder an, wie aus Fässern zu regnen, obwohl das Wetter laut

Vorhersage hätte stabil bleiben sollen. Ermüdet zogen wir uns einmal mehr unsere zerknitterten Regenjacken über und fuhren Richtung Etappenziel: München.

Die Umgebung haben wir aufgrund unserer Mattheit nur beschränkt wahrgenommen, hin und wieder über Weißwürste gesprochen, wobei ich heilfroh war, dass mir beim Gedanken an diese nicht prompt wieder übel wurde, und ansonsten eher versucht, die Strecke zu Ende zu bringen.

Nachdem wir noch ein-, zweimal die falsche Straße erwischt hatten, fanden wir uns vor dem bunten Kreativ-Hotel wieder, das wir für diese Nacht gebucht hatten. Die Beine waren schwer, der Kopf brummte und unsere Energie war am absoluten Tiefpunkt angelangt.

»Mir ist mittlerweile echt schwindelig und übel. Am liebsten würde ich gerade nur schlafen gehen«, meinte Christoph völlig entkräftet. Seine Gesichtsfarbe glich einer weißen Wand und die glasigen Augen sehnten sich nach Ruhe.

Wir gingen mit unseren Fahrrädern zur Rezeption, wo wir eine Weile warteten, bis sich, laut Namensschild, Djamal nach unserer Reservierung erkundigte und uns den Zimmerschlüssel aushändigte.

»Besteht die Möglichkeit, die Fahrräder im Hotel unterzubringen?«, wollte ich von ihm wissen.

»Natürlich! Lasst sie einfach hier stehen, ich kümmere mich gleich darum.«

Grundsätzlich eine unfassbar nette Geste, vor allem in Anbetracht der Tatsache, dass wir kaum noch gerade stehen konnten und ins wohlig warme Bett wollten. Darüber hinaus wissen wir im Grunde, dass man positiv auf Menschen zugehen muss, um im Gegenzug ebenso wohlwollende Reaktionen zu erhalten.

Wir zwei Dolme aber dachten, mit viel Misstrauen begegnet es sich dieser Situation gerade am besten. Darüber hinaus »würden wir beide ja nie in Schubladen denken« und deshalb »war Skepsis in diesem Fall berechtigt.« Ob wir ähnlich reagiert hätten, wenn der Rezeptionist vor uns »Müller« geheißen hätte?

Jedenfalls haben wir sein aufmerksames Angebot nicht gleich angenommen und gefragt, ob es möglich sei, die Fahrräder selbst irgendwo abzusperren.

Djamal reagierte charmant in nahezu perfektem Deutsch und meinte, dass wir sie natürlich selbst verstauen und zu seinem Fahrrad unten im Keller stellen könnten.

Gesagt, getan. Mies fühlten wir uns beim Hinuntersteigen der Stiegen trotzdem. Da tun wir normalerweise auf weltoffen und dann sind wir so vorurteilsbehaftet und beleidigend.

Wir hielten Ausschau nach einem Fahrrad und erblickten dabei ein sündhaft teures Rennrad der Marke »BMC«. Wir sahen uns, mit unseren im Vergleich »Flohmarkt«-Rädern, an und mussten lachen.

»Wir sind schon furchtbare Deppen. Ich trau mich gar nicht mehr rauf. Der muss sich was denken«, meinte ich beschämt.

Als wir doch unseren Mut zusammenpackten und zurück nach oben gingen, bedankten wir uns herzlich bei ihm und gaben ihm aus Verlegenheit relativ ungeschickt zu verstehen, dass es uns leid täte, wie wir reagiert hatten. Er schmunzelte und sagte:

»Ich bin 2015 von Syrien nach Deutschland gekommen und studiere jetzt in München. Um mir das Studium zu finanzieren, arbeite ich drei Mal pro Woche hier. Das Fahrrad unten ist natürlich nicht meines. Ich hoffe, ihr nehmt mir meinen Spaß nicht übel.«

»Ich glaube, sympathischer hätte man unsere Voreingenommenheit nicht bestrafen können«, beteuerte ich lachend, bevor wir uns von ihm verabschiedeten und das Zimmer suchten.

Wir öffneten die Tür, ließen unsere Sachen buchstäblich am Boden liegen und fielen ausgelaugt ins Bett, da läutete das Zimmertelefon und Christoph nahm den Hörer ab:

»Hallo nochmals. Hier Djamal von der Rezeption. Ich habe vorhin vergessen zu fragen, ob ihr einen Check-Out vor 06:00 Uhr geplant habt, und außerdem wollte ich euch sagen, dass heute der letzte Tag der Pride Week ist, falls ihr vielleicht ein paar weitere Vorurteile abbauen möchtet.«

Christoph fing an zu lachen und meinte, dass wir zwar keinen so zeitigen Check-Out geplant hätten, der Tipp mit der Pride Week allerdings für zwei so konservative Menschen wie uns hilfreich sei.

So schlenderten wir trotz Erschöpfung und Unwohlsein durch die Stadt, holten uns eine Kleinigkeit zu essen und lauschten einem Konzert am Hauptplatz. Neben uns wurde wild getanzt und die laute Musik holte uns sukzessive aus unserer Müdigkeit. Die mühevoll gestaltete Dekoration rundherum ließ es zusätzlich noch gemütlicher werden und der liebliche Blumenduft vernebelte unsere Sinne. München erstrahlte im Vergleich zu vorangegangenen Aufenthalten in ungewohnt erfrischender Offenheit. Von Berlin waren wir so etwas durchaus gewöhnt, in München dominierten unserer Ansicht nach jedoch vielmehr urige Lederhosen und frisch gezapftes Bier das Straßenbild.

Als wir unsere Blicke durch die Menge schweifen ließen, entdeckten wir am Rande der Masse einige griesgrämige Gesichter. Ganz offensichtlich schmeckte die liberale »Kost« nicht allen Münchnern. Dabei stachen uns besonders drei Polizisten und ein junges Pärchen in Bürokleidung ins Auge, als sie nahezu angeekelt in die wilde Partymenge starrten. Vielleicht verdankten wir es Djamal, dass wir das Geschehen rund um uns in diesem Moment so positiv und erhellend aufnehmen konnten und das Schubladendenken keinen Platz fand. Ohne ihn wären wir einerseits wohl nicht mehr nach draußen spaziert und andererseits möglicherweise in unserer Abgeschlagenheit nicht bereit für »das etwas andere München« gewesen. Wir tanzten durch die grölende Schar hindurch und staunten nicht schlecht, als wir drei Straßen weiter nichts mehr von diesem Geschehen bemerkten.

Beim Zurückgehen zum Hotel stolperten wir über ein Eisgeschäft mit einer wunderbar temperamentvollen Besitzerin. Nachdem sie auf die Bestellung einer Kugel Kokoseis mit den Worten: »Ich bin nicht zu Scherzen aufgelegt«, reagiert hatte, war uns sofort klar, dass hier unter drei Kugeln nichts möglich war. Somit gaben wir unserem Gusto ordentlich nach und bestellten alle Sorten, nach denen uns gelüstete. Es gab wohl Schlimmeres.

Wieder im Bett angekommen, flüsterte ich Christoph leise zu:

»Ich bin so froh, dass meine Übelkeit vorbei ist. Der Tag war trotz allem echt wieder lustig und vielseitig. Jetzt freue ich mich aber aufs Bett!«

»Weißt du noch, als du gestern meintest, dass es immer nur dich erwischt? Ich befürchte, diesmal ist es anders. Irgendwie geht es mir von Minute zu Minute schlechter«, murmelte er sichtlich mit Schmerzen, als er auch schon aufsprang und ins Badezimmer rannte.

»So war das gestern gar nicht gemeint«, rief ich ihm schlechten Gewissens nach, aber ich glaube, er war mit seinem Kopf schon woanders.

DENKEN. REDEN. TUN.

Für das Können gibt es nur einen Beweis: das Tun.

Marie von Ebner-Eschenbach

CHRISTOPH

Nun war ich es, der den Wecker am Morgen nicht hören wollte. Generell hatten wir uns für jeden Tag vorgenommen, zeitig aufzustehen, um früh viele Kilometer zu sammeln und so der Hitze tagsüber so gut wie möglich zu entkommen.

Angesichts unserer Magen-Darm Verstimmung war dies zum zweiten Mal eine gewisse Herausforderung. Elisabeth bestand zudem förmlich darauf, dass ich das Bett hüten sollte. Doch einerseits war ich zu sehr »Mann«, als dass ich mir eingestehen konnte, dass ich das im Gegensatz zu ihr am Vortag tatsächlich wollte. Andererseits hatten wir noch unglaublich viele Kilometer bis Marokko vor uns. Jetzt schon zu schwächeln, stand daher nicht zur Debatte.

Djamal war mittlerweile von Evgenia an der Rezeption abgelöst worden. Als ihr Elisabeth von »unserer wilden Nacht« berichtete, brachte sie uns sofort zwei Kannen Fenchel-Anis-Kümmel-Tee, ohne uns ein Frühstück zu verrechnen. Die nächste unfassbar nette Tat, einfach so, ohne großes Gerede.

Ganze neun Kilometer schafften wir es aus München hinaus, bis ich mich auf einer Wiese vor einem Supermarkt einfand, um eine Rast einzulegen. Elisabeth ging sofort hinein, um »Magen-Einrenkendes« wie Cola, Bananen und eine weitere Packung Zwieback aufzutreiben. Statt Soletti gab es eine Münchner Brezn. Regionalität sollte selbst in dieser Lage nicht zu kurz kommen.

Die Blicke, die mir entgegengeworfen wurden, als ich wie eine ausgeblichene Leiche vor dem Supermarkt lag, kann sich wohl jeder gut vorstellen. Daher beschloss ich kurzerhand, die Augen zu schließen. Es dauerte aber nicht lange bis ich von einer feuchten Zunge, im wahrsten Sinne des Wortes, in die Höhe gejagt wurde.

»Jimmy! Komm sofort wieder her!«, rief der dazugehörige Besitzer.

Erfreut darüber, dass mir nicht der Sensenmann sondern nur ein Labrador eine nasse Überraschung beschert hatte, winkte ich dem Besitzer zu und rief, beziehungsweise krächzte, ihm entgegen, dass alles halb so tragisch sei. Er erkannte jedoch sofort, dass ich nicht ganz bei Kräften war und bestand darauf, mir Hilfe anzubieten.

»Sorry, Jimmy ist grundsätzlich ein ganz Lieber, aber manchmal sehnt er sich nach neuen Bekanntschaften, besonders auf seiner Heimatwiese. Ist bei dir eh alles in Ordnung? Du siehst etwas schwach aus.«

Wie ein Schwächling sah ich also aus. Das hat man davon, wenn man sich einbildet, mit dem Rad nach Marokko fahren zu müssen, obwohl man es von der Kondition her bei einer Neusiedlersee-Umrundung belassen sollte. Ich fing an, in vagen Worten auszuholen, was alles vorgefallen war. Er zögerte allerdings nicht lange und meinte:

»Weißt du, ich bin Shiatsu-Masseur. Lass mich dir kurz helfen!«

Elisabeth staunte nicht schlecht, als sie zu mir zurückeilte und sah, wie ein fremder Mann »bei mir Hand anlegte«, während ein Labrador mit eifersüchtigem Blick zu mir aufschaute. Ich hingegen lag einfach nur da und konnte mein Glück kaum fassen. War es wirklich möglich, dass ein wildfremder Mensch mir nicht nur seine Hilfe anbot, sondern tatsächlich gleich handelte? Persönlich kenne ich das Dilemma mit Hilfsangeboten nur zu gut. Sehr gerne biete ich, teilweise auch wildfremden Menschen, meine Unterstützung an, hoffe dabei aber in den meisten Fällen auf ein

»Nein, danke« zu stoßen. Wenn ich etwa einem Freund vorschlage, meine Muskelkraft beim Umzug zur Verfügung zu stellen, gehe ich im selben Atemzug davon aus, dass er das sowieso abschlägt. Dieser Shiatsu-Masseur hätte ein Ablehnen meinerseits hingegen gar nicht zugelassen. Der Sprung zwischen dem Reden und dem Tun war also offensichtlich ein beträchtlicher, wobei ich meine Einstellung dazu zweifelsohne optimieren konnte.

Die Akupressur zeigte in jedem Fall Wirkung und ich fühlte mich augenblicklich deutlich wohler. Nachdem ich mich vielmals für die Spontan-Massage bedankt hatte, konnte es weiter durch das bayerische Land gehen.

Über den Ammersee und Landsberg am Lech fuhren wir mit neuen Kräften Richtung Ziel: ein Bauernhof in der Nähe von Bad Wörishofen. Kurz vor der Ankunft gesellte sich ein dritter Radfahrer zu uns. Die Vorurteile sollten wir am Vortag eigentlich abgebaut haben, dennoch löste dieser »fremd« aussehende Mann, der nun knapp zwei Kilometer in unserem Windschatten fuhr, leichte Zweifel in uns aus. Somit starteten wir in die Offensive und probierten es mit einem lokal angepassten:

»Schönen guten Tach!«

»Servus! Ihr hobs jo vü Gepäck. Wo geht's 'n hin?«, tönte es uns in sicherem Bayerisch entgegen.

Wir erklärten, dass wir an diesem Tag bis Bad Wörishofen und insgesamt bis nach Marokko fahren wollten, woraufhin er nur erwiderte:

»Ja, varreck!«

Verrecken wollte er uns natürlich nicht wortwörtlich lassen, auch wenn wir uns an diesem Tag teilweise danach fühlten. Vielmehr wollte er uns unterstützende Worte aussprechen, um uns für die Weiterreise in sein Heimatland zu bestärken. Ismail war vor einigen Jahren, so genau konnte er sich nicht mehr erinnern, aus Fès nach Bayern gekommen.

Hier hatte er Arbeit in der Landwirtschaft gefunden und die Chance sofort genutzt. Er meinte, Deutschland gefalle ihm sehr gut, an den »unglaublichen Schaffensdrang« werde er sich aber nie gewöhnen.

»Um 05:00 Uhr in der Früh ist der ganze Ort munter. Dafür findet man nach 21:00 Uhr überhaupt niemanden mehr auf der Straße.«

Mit den Wünschen, dass er bei diesen harten Arbeitsbedingungen nicht selbst »varrecken« möge, verabschiedeten wir uns von Ismail und bogen in die letzten Kilometer ein.

Auf der restlichen Fahrt versuchte ich mir vorzustellen, wie für Ismail damals der Beschluss gewesen sein musste, nach Deutschland zu ziehen. In Fès, der reinsten Chaos-Metropole Marokkos, aufgewachsen, hatte er sich das große und mächtige Deutschland dabei sicherlich anders vorgestellt, als er es im ruhigen und geordneten Südbayern erleben durfte. Nichtsdestotrotz hatte er es, als sich ihm die Möglichkeit geboten hatte, einfach getan und schien sehr glücklich mit seiner Entscheidung zu sein. Nahezu perfekt Bayerisch sprechend konnte er sich außerdem offensichtlich gut einleben. Das Schnaufen über den enormen Schaffensdrang auf dem Land konnte ich wiederum gut nachvollziehen. Wie man, wenn es nicht unbedingt nötig war, um 05:00 Uhr morgens aktiv sein konnte, war mir selbst immer ein Rätsel.

Kurze Zeit später bekam ich Morgenmuffel aber schon eine Antwort geliefert.

Mit den letzten Sonnenstrahlen im Nacken trafen wir am Bauernhof Settele ein. Wie wir sofort feststellten, war dies die absolute Traumdestination für diesen Abend. Selbst bei Mama Resi aus der Serie »Der Bulle von Tölz« hätte ich mich nicht wohler fühlen können. Wir sperrten unsere Räder in der Garage der Besitzer ab, schleppten unsere müden Körper in die Zimmer und packten unser zuvor beim Greißler gekauftes Abendessen aus.

»So froh ich bin, dass wir heute überhaupt angekommen sind, so fürchte ich mich ehrlich gesagt davor, dass wir die nächsten Tage wieder kaum weiterkommen«, murmelte ich etwas enttäuscht vor mich hin.

»Du Koffer! Sei doch froh, dass du heute überhaupt radeln konntest! Morgen können wir ja wieder früher starten.«

»Müssen wir!«, entgegnete ich sofort voller Überzeugung, den hiesigen Schaffensdrang nun auf mich übertragen zu haben. »Aber sag, kommen wir morgen zeitig in der Früh überhaupt in die Garage zu unseren Rädern?«

Elisabeths Antwort, dass dies bestimmt möglich sei, war mir nicht genug. Daher ging ich erneut zur Chefin des Hauses, um mich zu vergewissern.

»Wonn is'n zeitig?«, fragte sie knapp.

»Ja, so gegen 07:00 Uhr.«

Das entlockte ihr ein breites Grinsen.

»Do san mia jo schon wieder zruck von die Kiah!«

Da konnten wir ebenso nur mehr lachen. Während wir oftmals viel zu viel Zeit darin investierten, über einzelne Teilabschnitte des Tages nachzudenken und zu besprechen, wann wir aufstehen sollten und wie wir am effizientesten vorgehen könnten, ließen andere dies schlicht und ergreifend aus und machten die Dinge einfach.

Wer sich dabei am Ende des Tages mehr Zeit gespart hatte, war klar.

GESCHICHTEN HABEN ZWEI SEITEN, GEHÖRT WIRD MEIST NUR EINE DAVON

Jede Wahrheit hat zwei Seiten. Wir sollten uns beide Seiten anschauen, bevor wir uns für die eine entscheiden.

Aesop

ELISABETH

Als wir uns, unserer Ansicht nach, frühmorgens um 07:00 Uhr auf den Sattel schwangen, hatte die Familie Settele den gesamten Hof schon wieder auf Vordermann gebracht.

»Da kann man sich nur schlecht fühlen«, meinte Christoph.

Widersprechen konnte ich ihm in der Tat nicht. Täglich um 05:00 Uhr aufzustehen, direkt mit vollstem Körpereinsatz zu arbeiten und trotzdem unbegreiflich freundlich zu Gästen zu sein, grenzt für mich an ein Wunder. Ich habe schon meine Probleme damit, um 07:00 Uhr meinen Blick möglichst geradlinig nach vorne zu richten und dabei nicht noch mürrischer auszusehen, als ich mich fühle.

Beeindruckend war sie auf alle Fälle, diese Familie, und die Landschaft, die ihren Hof umgab, nebenbei traumhaft und idyllisch. Dementsprechend schwer fiel es uns, Abschied zu nehmen.

Rund um uns war es malerisch schön. Ein paar lieblich duftende Rosen wuchsen im Ort neben der Straße, weit und breit waren kaum Autos zu sehen und die hügelige Landschaft ließ an Fernsehserien mit bayerischem Flair wie etwa »Weißblaue Geschichten« erinnern. Hinter nahezu jedem Hügel befanden sich grasende Kühe und die Hofhunde, die uns stets beäugten, waren offenbar zu tiefenentspannt, um uns zu verfolgen. Die dreißig Grad Celsius animierten wohl nicht dazu, Radfahrer zu jagen.

Bekanntlich ist eine hügelige Landschaft allerdings nicht nur wunderschön, sondern ohne elektrisch betriebene Hilfsmittel ab einem gewissen Zeitpunkt irrsinnig ermüdend. Kuhherden sind zwar süß und reizend, aber immer mit vielen Fliegen verbunden. Dreißig Grad Celsius stellen wiederum weder für den Hund noch für den Menschen einen Anreiz dar, sich allzu viel zu bewegen. Ich muss an dieser Stelle freilich zugeben: Jammern auf hohem Niveau wurde uns wohlstandsverwahrlosten Europäern in die Wiege gelegt.

Die Zeit verging dennoch wie im Flug und nach einem kurzen Zwischenstopp bei einem Greißler, bei dem wir unser Abendessen besorgt hatten, erreichten wir unsere kleine, wahnsinnig entzückende Pension, die lediglich fünf Gehminuten vom heiß ersehnten Bodensee entfernt war. Zuvor wollten wir aber unsere Sachen auf das Zimmer bringen, weshalb wir zur Eingangstür spazierten und klingelten.

Eine Dame öffnete die Tür und begrüßte uns freundlich in dem zur Unterkunft gehörigen Fischrestaurant. Sie war relativ klein, geschätzt vierzig Jahre alt und hatte in ihrem Zopf einen hervorstechenden Angelhaken. Scheinbar war die ganze Pension inklusive dem Lokal und der Besitzerin im »Fischer-Stil« gehalten.

Beim Betreten waren wir vom Fleck weg von der liebevoll gestalteten Einrichtung beeindruckt: eine Mischung aus uriger Fischerbude, kombiniert mit Sand und faszinierenden Fundstücken aus dem Meer, perfektioniert mit modernen Elementen, die ein bisschen an Luxus-Strandurlaub erinnerten.

»Woher seid's denn?«

»Aus Wien.«

»Bis hierher mit dem Fahrrad?«

»Ja, genau. Ziel wäre, wenn alles gut geht, Marokko.«

»Na, ihr habt euch was vorgenommen! Wieso macht man sowas?«

»Damit wir in den Genuss von solch netten Unterkünften kommen.«

»Also das wär's mir ja nicht wert.«

Sie händigte uns den Schlüssel aus und begleitete uns in ein reizendes Zimmer, das sich im Nebenhaus befand. Auf dem Weg dorthin erzählte sie über die Ortschaft und ihren Betrieb, erklärte uns, wo wir alles finden konnten und bot uns außerdem an, ihre Waschmaschine zu benutzen. Ob unser Odeur sie auf die Idee brachte, dass wir gewaschene Kleidung gut gebrauchen konnten, oder sie einfach eine rücksichtsvolle, umsichtige und freundliche Dame war, sei für den Moment so dahingestellt. Jedenfalls konnten wir dieses Angebot nicht ausschlagen und kehrten kurz darauf mit der Schmutzwäsche zu ihr zurück. Während wir diese in die Maschine manövrierten, fragte sie:

»Habt's ihr eh was zu essen mit? Unser Restaurant hat heute nämlich geschlossen. Ich kann aber gleich nachsehen, wo offen ist.«

»Ja, wir haben vorhin eine Kleinigkeit bei …«, begann Christoph seinen Satz, doch ehe er ihn beenden konnte, bot sie an, unsere mitgebrachten Speisen im Gastgarten zu essen.

Gerne nahmen wir die Einladung an und stießen wenig später mit Brot, Käse, Joghurt, Gemüse und Schokolade zu ihr an den sorgfältig gedeckten Tisch.

»Ich bin übrigens die Judith. Wisst ihr, unser Restaurant ist normalerweise immer geöffnet. Aufgrund der Lage direkt an einer stark befahrenen Hauptstraße zieht es allerdings kaum noch Gäste zu uns. Eigentlich gäbe es ja eine Autobahn ums Eck, wegen der Mautkosten weichen aber alle Auto- und LKW-Fahrer auf die Bundesstraße direkt neben uns aus.«

»Der starke Verkehr hat uns beim Fahrradfahren schon völlig überrascht. Für euch muss das ja fürchterlich sein!«

»Fürchterlich ist vor allem, dass jetzt eine neue Trasse hinter dem Haus gebaut werden soll. Wenn dann von vorne und hinten permanenter Lärm ist, können wir nicht nur zusperren, sondern gleich umziehen oder auswandern, denn ich kann euch eines versprechen: Man kann sich an viele Geräusche gewöhnen, nicht jedoch an Straßenlärm.«

»Aber das kann man ja nicht einfach so hinnehmen, oder?«

»Ach, was wir sagen, interessiert ehrlich gesagt keinen. Es wird immer nur die andere Seite gehört.«

Wir grübelten noch einige Zeit über Judiths missliche Lage, als wir beschlossen, uns durch ein nächtliches, eiskaltes Bad im Bodensee auf andere Gedanken zu bringen. Gemächlich spazierten wir zum Steg, um von dort schnurstracks mit einem Köpfler in den See zu springen. Obwohl wir uns mitten im Juli befanden, war das Wasser eisig und die Dunkelheit verlieh dem nächtlichen »Tauchgang« etwas Unheimliches.

»Schnell raus«, rief ich Christoph einige Sekunden später zu, als ich eine Alge an meinen Beinen mit einer Wels-Attacke verwechselt hatte und direkt zurück zum Ufer schwamm.

»Wieder einmal zu viele Boulevard Medien konsumiert?«

»Ich hoffe, dich beißt wirklich einer!«, meinte ich trotzig, als ich versuchte, mich mit meinem Handtuch trocken zu rubbeln und Christoph erneut abtauchte.

»Du verstehst einfach nie, was ich meine!«, hörten wir plötzlich unweit von uns eine offensichtlich aufgebrachte junge Dame schimpfen.

»Und du hörst nie zu, sonst würdest du schon verstehen, was ich sage«, tönte eine männliche Stimme zurück.

Christoph war mittlerweile ebenso aus dem Wasser gekommen und lauschte dem Pärchen ähnlich hellhörig wie ich.

»Schau, da geht's vermutlich um mehr als nur eine Algen-Wels-Attacke«, meinte ich mit ausgestreckter Zunge zu meiner besseren Hälfte.

Christoph lachte, nahm mich in den Arm und sagte:

»Ja, vermutlich, aber in jedem Fall liegt auch bei ihnen der Fokus klar auf der eigenen Perspektive.«

»Vielleicht können wir uns vom heutigen Tag mitnehmen, einander besser zuzuhören, um den anderen Standpunkt wirklich zu verstehen. Beziehungsweise, dass wir zukünftig in Gesprächen die andere Seite länger beleuchten, bevor wir voreilig Schlüsse ziehen.«

»Auch wenn der Wels tatsächlich nur eine Alge ist?«

»Dann erst recht, du unbelehrbarer Komiker!«

OHNE WENN UND ABER

*We are prone to judge success by the index of
our salaries or the size of our automobiles
rather than by the quality of our service
and relationship to mankind.*

Martin Luther King Jr.

*Wir neigen dazu, Erfolg eher nach der Höhe unserer Gehälter oder nach
der Größe unserer Autos zu bestimmen als nach dem Grad unserer
Hilfsbereitschaft und dem Maß unserer Menschlichkeit.*

CHRISTOPH

Während einige Kilometer weiter am Bodensee die letzten Vorbereitungen für die bevorstehende Premiere der Bregenzer Festspiele auf Hochtouren liefen, machten wir uns startklar für den nächsten Grenzübertritt, diesmal von Deutschland in die Schweiz.

»Wenn das Radgewand wieder so gut duftet, steigt man deutlich lieber auf den Sattel«, sagte ich zur Verabschiedung zu Judith, um erneut unsere Dankbarkeit zum Ausdruck zu bringen.

»Ja, in deinem Fall verstehe ich das gut.«

Somit war klar, auf wen sich die Anmerkung hinsichtlich des Odeurs am Vortag bezogen hatte.

Ein letztes Mal mussten wir beinahe fünf Minuten warten, um die stark befahrene Bundesstraße Richtung See überqueren zu können. Anschließend konnte es tatsächlich Richtung Schweiz gehen.

Zum Abschied erwartete uns in Deutschland jedoch eine weitere eindrucksvolle Erfahrung. Unter Österreichern werden Deutsche stereotypisch als höchst pflichtbewusst und regelgetreu abgestempelt, angefangen beim Anstellen an der Supermarktkasse oder in Österreich beim Skilift, über stets korrektes Verhalten am Arbeitsplatz, bis hin zur strikten Einhaltung von Verkehrsregeln.

Daher war es für uns keine Überraschung, dass uns in Konstanz an einer Stelle, wo der Radweg gesperrt war, auf dem nun zur Alternative stehenden Gehsteig sämtliche Radfahrer zu Fuß, ihre Räder schiebend, entgegenkamen. Wir hingegen, »mia san jo schließlich Österreicher«, wollten nicht so recht einsehen, warum wir als Fahrradfahrer nicht trotzdem unseren Satteln treu bleiben durften und setzten unsere Fahrt auf dem Gehsteig fort.

Es dauerte nicht lang, bis uns die erste Person etwas zurief. Wir achteten kaum darauf, da fuhr uns schon die nächste Person an und winkte, um klar und deutlich zu signalisieren, dass wir von den Rädern absteigen mussten.

»Sag einmal, packst du das, Lisi?«

»Glaubst du, sollten wir uns von diesem korrekten Verhalten auch ein Scheibchen abschneiden?«

Ehe ich ein »sicherlich nicht« rausbringen konnte, rief uns die nächste Person entgegen:

»Passt auf! Da vorne ...«

Jetzt wurden wir erstmals etwas hellhörig, fuhren jedoch vorerst ungehindert weiter. Erst als sich eine vierte Person wortwörtlich vor uns stellte, stiegen wir ab und ließen uns auf ein Gespräch ein. Eine junge Studentin klärte uns in freundlichem Ton auf:

»Ich kann euch nur empfehlen, hier abzusteigen. Hinter der Brücke stehen Polizisten und die strafen jeden einzelnen Radfahrer, der im Sattel sitzt. Also falls ihr euer Geld lieber anders investieren wollt ...«

Wütend starrte ich für einige Sekunden auf den Boden. Was erlaubten sich diese deutschen Polizisten, hier arme und umweltbewusste Radfahrer abzustrafen? Die sollten sich vielmehr um den Schwerverkehr zehn Kilometer weiter kümmern. Erst als ich nochmals in das freundliche Gesicht der deutschen Studentin blickte, verstand ich, vor welcher hitzigen Auseinandersetzung wir bewahrt wurden. Wäre die Situation andersherum gewesen und ein deutscher Tourist wäre in Österreich in Richtung strafender Polizisten geradelt, mit Verlaub: Kein Österreicher hätte ihn davon abgehalten. In Deutschland wiederum wurden wir binnen hundert Metern vier Mal gewarnt, ohne dass jemand von ihnen einen persönlichen Vorteil daraus gezogen hätte.

Einsichtig, dass wohl wieder einmal wir die Dolme waren, überquerten wir die Grenze zur Schweiz. Die Landschaft wurde dabei immer schöner und außerdem gesellten sich hinreißende »Dörfli« hinzu. Die erste Stadt, die es uns richtig angetan hatte, war Schaffhausen. Wegen der traumhaften Häuschen und verwinkelten Gassen direkt am Rhein unterhalb herrlich anmutender Weinberge wären wir am liebsten gleich für den Rest des Tages hier geblieben. Während wir vor uns hin schwärmten, sprach uns der erste Schweizer an (zum Schutz der Schweizer Sprache spare ich mir den Dialekt):

»Da habt ihr ja viel Gepäck dabei. Radelt ihr etwa den ganzen Rhein entlang?«

»Wenn alles klappt, soll es bis nach Marokko gehen.«

»Marokko? Wahnsinn! Da könnt ihr ja sicher eine Erfrischung benötigen. Ich bin gerade am Weg zum Rhybadi. Wollt ihr mit? Ich lad euch gerne ein!«

Auch wenn uns im ersten Moment nicht ganz klar war, wer oder was »Rhybadi« war, wollten wir uns dieser freundlichen Einladung nicht verwehren. Gleichzeitig machten sich am Weg dorthin leichte Zweifel breit.

»Christoph«, flüsterte mir Elisabeth zu. »Bist du dir sicher, dass der nicht irgendwas von uns will? Zum Beispiel unsere Fahrräder?«

Offensichtlich war Elisabeth mittlerweile bewusst, dass ich dafür prädestiniert war, in solche Fallen zu tappen. Gleichzeitig waren wir in der Schweiz und der freundliche Bekannte erweckte eher den Eindruck, als könnte er sich zehn solcher Räder im Monat leisten.

So marschierten wir weiterhin eifrig hinter ihm her und erblickten wenig später das schönste Freibad, das wir je gesehen hatten, ohne künstliches Swimming-Pool und ohne sonderlich viel Schnick-Schnack. Direkt in den Rhein aus Holz in der Form eines Schiffes hineingebaut, lässt es sich dort herrlich baden.

Während wir genüsslich im Wasser strampelten, fragten wir uns zunehmend, wo der Hund begraben lag. Immerhin blieb unser neuer Schweizer Freund am Ufer, während wir unsere Köpfe unters Wasser steckten. Er machte dabei keine Anstalten, sich zu uns gesellen zu wollen.

»Schauen wir mal zu ihm und beginnen ein Gespräch. Der muss ja denken, wir seien total asozial«, meinte ich zu Elisabeth.

Kaum bei ihm angekommen, entgegnete er uns schon:

»Wollt ihr euch nicht länger abkühlen?«

»Doch, doch. Wir möchten uns nur mal erkundigen, womit wir das verdient haben.«

»Verdient ...«, warf er uns grinsend zurück. »Wisst ihr, meine Freundin hat mir zum Geburtstag ein Tagebuch geschenkt, in das man jeden Tag zumindest eine gute Tat eintragen muss. Sie findet, das würde mir als Banker nicht schaden. Im Endeffekt helft also ihr mir. Ich muss aber sagen, dass sich das immer wieder gut anfühlt. Selbst ohne Tagebuch würde ich es mittlerweile jeden Tag machen.«

»Wow! Echt toll! Dürfen wir dich wenigstens auf etwas zu trinken einladen, um ebenfalls in diesen Gefühlsgenuss zu kommen?«

»Nein, nein. Gute Taten passieren ohne Wenn und Aber und somit ohne Gegenleistung. Ihr seid einfach dran, wenn ihr das nächste Mal in der Schweiz seid«, meinte er wohlwissend, dass es nie zu so einer Begegnung kommen würde. »Ich kann mir vielmehr vorstellen, dass ihr unter Zeitdruck seid. Wann immer ihr also weiterradeln wollt, bitte nicht zögern. Ich geh jetzt auch mal eine Runde schwimmen.«

Als wir nach einem weiteren Bad im Rhein mit unseren gekühlten Körpern unter einigen Gesäßschmerzen erneut auf die Räder stiegen, konnten wir kaum aufhören zu lachen. War es wirklich möglich, dass ein Tagebuch die Hilfsbereitschaft von Personen erhöhen konnte? Wenn dem so war, sollte ich mir wohl ebenso eines zulegen.

Uns erwarteten einige weitere landschaftliche und kulturelle Schweizer Leckerbissen, unter anderem die Städte Brugg und Aarau und ganz besonders der Rheinfall. Ein Wasserfall, den wir ursprünglich gar nicht am Radar hatten und erst aufgrund der »lustigen« Beschilderung in den Fokus nahmen.

»Kann ja nur ein Reinfall sein, dieser Rheinfall«, scherzten wir, wie bestimmt unzählige Touristen vor uns.

Plötzlich standen wir wider Erwarten vor einem der beeindruckendsten Wasserfälle Europas, und das mitten in einer Stadt.

Angesichts der letzten Endes überraschend vielen Erlebnisse und der wieder einmal deutlich unterschätzten Tageskilometer, erreichten wir erst knapp vor 22:00 Uhr unsere Unterkunft in Oberentfelden. Nachdem wir am Vortag lange herumgesucht hatten, konnten wir ironischerweise gerade in der Schweiz mit einem Preis von 37 Euro eines der günstigsten Zimmer unserer Reise ergattern. Dementsprechend war der Zustand des gesamten »Hauskonstruktes«. Es handelte sich nämlich um ein im Aufbau befindliches Gebäude. Einzelne Zimmer davon waren fertig eingerichtet. Diese wurden als Apartments zur Verfügung gestellt und waren mit dem Wichtigsten ausgestattet: zwei Betten und einem Mini-Tisch, pro Stock darüber hinaus einem Gemeinschaftsbad. Für den Preis in der Schweiz mit Sicherheit kein Grund, sich zu beklagen.

Wir waren gerade dabei, unsere Betten mit den darauf positionierten Laken zu überziehen, da vernahmen wir ein lautes Fluchen am Gang. Zunächst versuchten wir, es zu »überhören«, als es jedoch immer näher kam, wurden wir aufmerksamer:

»Che cazzo! Che tipo di alloggio!«, ertönte es unmittelbar vor unserem Zimmer, bevor wir eine Tür zuknallen hörten. Der Neuankömmling war offensichtlich weniger begeistert von der Unterkunft.

Elisabeth sah mich besorgt an und hatte offensichtlich Mitleid mit dem armen Kerl.

»Ich geh sicher nicht zu ihm rüber und frag ihn, ob er ein Upgrade braucht«, schoss ich ihr völlig ermattet entgegen, bevor sie nur irgendetwas in diese Richtung vorschlagen konnte.

Wenige Sekunden später hörte ich aber schon, wie die Tür nebenan wieder aufgerissen wurde und das Fluchen seine Fortsetzung fand:

»Svizzera! Il paese più ricco del mondo! Eppure non c'è niente da mangiare la sera!«

Offensichtlich war es unserem italienischen Zimmernachbarn im Gegensatz zu uns nicht mehr gelungen, ein Abendessen aufzutreiben.

Elisabeth schaute mir erneut tief in die Augen.

»OK, OK, ich geh ja schon zu ihm.«

Nach all dem Positiven, das wir an diesem wie auch an den vorangegangenen Tagen erfahren durften, musste ich, wie unsere Bekanntschaft aus dem Rhybadi, selbst zugeben: Es war schon schön, endlich einmal selbst unterstützen zu können, ohne Wenn und Aber.

EINFACH MACHEN, WAS EINEM FREUDE BEREITET

The art of being happy lies in the power of extracting happiness from common things.

Henry Ward Beecher

Die Kunst, glücklich zu sein liegt in der Fähigkeit,
Glück aus gewöhnlichen Dingen zu ziehen.

ELISABETH

Odyssee, Bedeutung: lange Irrfahrt; lange, mit vielen Schwierigkeiten verbundene, abenteuerliche Reise. Beispiel: unser Vorhaben, relativ ungeplant mit dem Fahrrad nach Marokko zu fahren.

Spaß beiseite. Eine Odyssee war es allerdings, an diesem Morgen jemanden zu finden, an den wir den Zimmerschlüssel retournieren hätten können.

Wir hatten nämlich weder eine funktionierende Internetverbindung, noch die Telefonnummer des Besitzers. Alles, was wir nach unserer langen Suche nach einer Menschenseele übrig hatten, war Ungeduld. Davon aber jede Menge. Wir wollten den Schlüssel nicht an der Zimmertür stecken lassen. Gleichzeitig hatten wir eine lange Etappe vor uns und die zeitlichen Ressourcen waren beschränkt. Als Christoph kurz davor war, darauf zu pfeifen, bog ein kleines, ungewaschenes Lastauto um die Ecke, dessen Fahrer eine Waschmaschine hier abliefern wollte. Er zückte sein Handy, wählte eine Nummer und wenige Sekunden später stand der Besitzer vor ihm.

»Wo hat sich der denn versteckt? So einfach hätte es sein können«, meinte Christoph, bevor er ihm den Schlüssel aushändigte.

»Jetzt aber andiamo«, tönte es mir ins Ohr, als ich müde und gedankenverloren in die Luft starrte.

»Hätte ich dich nur nicht so lange mit dem Italiener plaudern lassen.«

Christoph war schon wieder motiviert am Treten. Zumindest machte es den Anschein. Ich hingegen musste mich bemühen, konzentriert dem Straßenverlauf zu folgen und kein Hindernis für die zahlreichen Autos auf der Hauptstraße darzustellen. Irgendwie hatte ich echt keine Lust, so überhaupt gar nicht. Gemütlich irgendwo in einer grünen Wiese zu liegen und tief und fest zu schlafen, wäre meine Wunschvorstellung gewesen. Zudem wurde ich angesichts der Tatsache, dass Christoph nicht den Eindruck erweckte, als würden ihn der mühselige Start und die zigtausenden Autos mitsamt ihren Abgasen stören, ein wenig mürrisch.

»Wieso bin ich denn schon wieder so eine Grantlerin?«, dachte ich mir.

Dicht gefolgt von Christophs Frage:

»Alles okay? Du siehst so böse aus.«

Miesepetrig warf ich ihm einen Blick zu und er wusste: »Nicht reden, fahren. Irgendwann kriegt sie sich schon wieder ein.«

Tatsächlich war dem auch so, als wir die nervenaufreibende Hauptstraße hinter uns ließen und am bezaubernden Bielersee ankamen. Die Landschaft war abermals atemberaubend schön und das Wasser glasklar und blau schimmernd. Wir genossen die Fahrt neben dem See in vollen Zügen, als Christoph abrupt stehen blieb.

»Wir haben gleich unsere ersten tausend Kilometer! Das müssen wir mit einer kurzen Bade-Einheit im See feiern.«

Angesichts der heißen Temperaturen und des unmotivierten Starts, war es genau das, was ich brauchte: kaltes Wasser kombiniert mit einem Erfolgserlebnis. Während uns nach mehrmaligem Untertauchen schön langsam schwindelig wurde, hörten wir ein komisches Geräusch.

Leicht benommen drehten wir den Kopf nach links und erblickten einen Fahrradfahrer auf einem Tretboot. Aber keinen, der sich einfach von einer anderen Person herumführen ließ, sondern einen, der sein Tretboot so umfunktioniert hatte, dass er auf seinem Rad sitzend treten konnte und sich dadurch vorwärts bewegte.

»Siehst du das auch?«, fragte mich Christoph total perplex.

»Ja, ich finde, wir sollten uns das für die Überfahrt von Tarifa nach Marokko zulegen.«

Wir winkten ihm zu, woraufhin er in unsere Richtung lenkte und uns seine Konstruktion näher zeigte. Weil sein Name Daniel war, wurde er von uns direkt als »Daniel Düsentrieb« bezeichnet. Er erzählte uns, dass er kürzlich ein »Hydrobike«, also ein Wasserfahrrad, online entdeckt hätte, allerdings nicht bereit sei, so viel Geld dafür auszugeben. Daher baute er es einfach selbst. Schließlich bastle er gerne und könne im Ernstfall gut schwimmen. Wir waren uns schnell einig: Daniel Düsentrieb war ein »Anpacker«, wie er im Buche steht.

Wenn ihn etwas wirklich interessierte, dachte er sofort daran, wie es umgesetzt werden könnte. Eine Ähnlichkeit zu mir entdeckte ich ebenso rasch: Wenn ihn nämlich etwas nicht interessierte, konnten selbst einfache Handgriffe über Jahre hinweg ignoriert werden. Wenn bei mir zu Hause eine Glühbirne ausfällt, lehne ich es kategorisch ab, diese zu wechseln, bis die restlichen drei auch den Geist aufgegeben haben. Mein Gegenüber meinte, dass seine Lampen mittlerweile sogar schon ohne jegliche Glühbirnen waren. Dafür hatte er ein Konstrukt gebaut, mit dem er laufend Strom erzeugen konnte. Innovative Ideen waren für ihn also wahrlich ein Lebensmittelpunkt. »Lästige« Haushaltsprobleme wurden wiederum gekonnt »auf morgen« verschoben. Sehr sympathisch, dieser beeindruckende Kerl Mitte vierzig: so glücklich und getrieben, jemand, der mich bis heute daran erinnert, dass es oft guttut, die Dinge zu machen, die man liebt.

Wir setzten uns wieder auf das Fahrrad und sprachen die darauffolgenden zwei Stunden über nichts anderes als über Daniel Düsentrieb und die Überfahrt von Tarifa nach Marokko, ungeachtet der Tatsache, dass wir uns zu diesem Zeitpunkt über 2000 Kilometer davon entfernt befanden.

»Bonjour«, vernahmen wir auf einmal im Hintergrund.

Christoph sah mich fragend an. Hatten wir es tatsächlich geschafft, so lange zu quasseln, dass wir unbemerkt über die französische Grenze gefahren waren? Orientierungsvermögen ist zwar nicht unbedingt etwas, was ich unter »Special Skills« in meinem Lebenslauf anführen würde, dennoch wusste ich, dass dies nicht möglich war. Trotzdem faszinierend, wie die Sprache in einem Land urplötzlich eine andere ist, nur, weil man sich von einem See zum nächsten bewegt hat. Vor uns sahen wir den Neuchâtel See. Ebenso ein wunderschönes Gewässer. Der einzig markante Unterschied zum See zuvor: Kinder spielten hier »auf Französisch« und Eltern saßen mit Baguette und Wein am Ufer und plauderten, gleichfalls auf Französisch.

Wir trauten unseren Augen nicht. Vor wenigen Minuten sprachen wir mit Daniel Düsentrieb auf Deutsch über seine »Erfindung« und spürten den deutschen Schaffensdrang mehr als deutlich und nun hatten wir ein klassisches französisches Bild vor Augen: Menschen mit krossem Baguette und Rotwein am Plaudern. Das alles in einem einzigen Land.

Ganz ehrlich: einfach nur herrlich! Alles daran.

Wir sprangen in den See und versuchten, ein paar Wörter aufzuschnappen, um unser eingerostetes Französisch wieder auf Vordermann zu bringen. Anschließend setzten wir uns an den Rand und genossen die Atmosphäre.

Eine junge, attraktive Dame tippte uns auf die Schulter und reichte uns ein Blatt Papier.

»Umdrehen müsst ihr es schon!«

Auf der anderen Seite erblickten wir ein durch und durch zauberhaft gezeichnetes Bild von Christoph und mir am Uferrand, während unsere Blicke in die Ferne schweiften.

»Ihr habt so glücklich ausgesehen, das musste ich einfach festhalten! Ich hoffe, es gefällt euch.«

»Wow! Das ist einfach nur bezaubernd. Vielen Dank. Wo hast du denn gelernt, so malerisch schön zu zeichnen?«

»Meine Mutter ist Künstlerin und von ihr habe ich mir den einen oder anderen Kniff abgeschaut. Beruflich arbeite ich zwar lieber im Grafikstudio, in meiner Freizeit sitze ich hingegen mehrmals pro Woche in der Natur und versuche, die traumhafte Landschaft mit nach Hause zu nehmen. Es gibt nichts, was mir an meinen Feierabenden mehr Freude bereiten könnte. Menschen porträtiere ich zwar selten, aber wenn sie mir schon so nett im Weg herumsitzen ...«

Der Tag entwickelte sich trotz des miserablen Anfangs in eine so charmante Richtung, dass ich nur noch vor mich hin schmunzeln konnte.

»Einfach machen, was einem Freude bereitet« war für mich das Motto, das ich mir mitnahm und auch in Zukunft mehr leben wollte. Nämlich nicht nur in Bezug auf Arbeit, Verpflichtungen und Co., sondern auch in Hinsicht auf Freude, Interessen und Zufriedenheit. Einfach manchmal genau das zu machen, was man will. Einfach zu genießen. Einfach zu basteln. Einfach zu lachen …

I WANT TO RIDE MY BICYCLE

*Nothing compares to the simple
pleasure of a bike ride.*

John F. Kennedy

Nichts ist vergleichbar mit der einfachen Freude, Rad zu fahren.

CHRISTOPH

Von unserer vorangegangenen Radreise nach Rom waren wir, was den Umgang mit Radfahrern betrifft, einiges gewöhnt. Damals galt es, den kürzesten Weg zwischen den Schlaglöchern an der rechten Straßenseite ohne direkten Kontakt mit den meist hautnah vorbeirasenden LKWs zu finden.

In der Schweiz hingegen wurde Radfahrern nahezu der rote Teppich ausgerollt. PKWs, Busse und selbst LKWs überholten mit einem Respektabstand von mindestens 1,5 Metern, überall gab es perfekt betonierte Radwege und selbst die letzten Mini-Dörfli waren besser beschildert als Autofahrer dies am Knoten Prater auf der Südosttangente in Wien gewohnt sind.

Nirgendwo sonst fiel uns daher ein Start vor 07:00 Uhr so leicht wie an unserem letzten Tag in der Schweiz. »Der frühe Vogel fängt den Wurm« zählt generell nicht zu unseren Lieblingssprüchen, doch mit 160 Kilometern, 1400 Höhenmetern, der Durchquerung von Genf, dem »Grenzübertritt« nach Frankreich und mehr Gegenwind als je zuvor auf dieser Reise stand uns einer der längsten Tage im Sattel bevor. Zehn Stunden reines Treten sollten es letzten Endes werden. Aber auch hier galt: wo, wenn nicht in der Schweiz?

Von Boudry begaben wir uns zunächst die Hügel hinauf, um den Blick auf den gesamten Neuchâtel See genießen zu können. Selbst zu dieser frühen Stunde kamen uns schon unzählige Radfahrer entgegen. Mit den optimalen Rahmenbedingungen ging ganz offensichtlich eine riesige Begeisterung für das Radeln einher.

Mit dem Ausblick auf eine wunderschöne Abfahrt beschlossen wir, auf der Bundesstraße noch ein Foto von uns mit dem herrlichen Panorama zu machen. Unser Plan sah vor, einen Moment der »Auto-Stille« zu nutzen, um auf die linke Seite zu düsen, schnell abzudrücken und wieder weiter zu radeln. Wie es der Zufall so wollte, kam gerade in dem Moment, als wir uns dort einfanden, eine Vielzahl an Autos auf uns zu.

»Herrschaftszeiten ... Muss denn genau jetzt eine Kolonne auf uns zusteuern?«, fluchte ich.

Entgegen unserer Erwartung eines lauten Hupkonzertes blieb das Auto aber rund fünf Meter vor uns stehen, schaltete die Warnblinkanlage ein und deutete uns, in Ruhe unser Foto zu machen. Die Autofahrer dahinter warteten ebenso geduldig, bis wir unser Shooting beendet hatten, und winkten uns darüber hinaus freundlich zu, als wir ihnen beim Vorbeiradeln entschuldigende Blicke zuwarfen.

»Vielleicht macht Geld doch glücklich ... oder zumindest entspannt«, meinte Elisabeth lachend.

Voller Begeisterung ging es weiter Richtung Genfer See. Zunächst wieder über hügeliges Terrain. Insbesondere hier wollte der Gegenwind sicherstellen, dass das Radfahren in der Schweiz nicht zu schön wird. Wenn man schließlich bei Abfahrten die 15 km/h nicht überschreiten kann, ist klar, dass es nicht nur an der Kondition liegt.

Kurz vor Genf wollten wir uns die Gelegenheit nicht entgehen lassen, in den weltberühmten See zu springen. »Champagner-Bad mit Mineral« wurde die Pause bei uns folglich bezeichnet, denn neun Franken für zwei kleine Plastikflaschen Mineralwasser an der Strandbar konnten anders nicht erklärt werden. Wieder aus dem Wasser zurückgekehrt, kamen wir ins Gespräch mit ein paar Schweizer Studenten, die ebenfalls mit dem Rad hier waren, interessanterweise nun wiederum auf Deutsch.

»Man kann schon eifersüchtig werden, wenn man durch euer Land fährt. Die meisten reden immer von euren Banken, der Schoko und dem Fondue. Dabei sind eure wahren Schätze die Radwege.«

»Wir Schweizer sind wohl tatsächlich etwas verwöhnt, denn für uns ist das alles selbstverständlich. Aber ja, mit dem Rad ist man eben nicht nur oftmals schneller am Ziel, sondern auch die Gesundheit und die Umwelt freuen sich. Ordentliche Radwege ergeben da schon Sinn.«

Diese Logik war uns natürlich nicht völlig neu. Schon Mike Sinyard, der Gründer der Fahrradmarke Specialized meinte: »*Zeigen Sie mir ein Problem dieser Welt und ich gebe Ihnen das Fahrrad als Teil der Lösung.*« Generell klingt auf Schwyzerdütsch jedoch alles nochmals eine Spur sinnvoller, egal ob es um Nachhaltigkeit oder Atomreaktoren geht. Selbst der Schmutzli wirkt im Vergleich zum Krampus in Österreich oder Knecht Ruprecht in Deutschland niedlich.

»Wobei man schon sagen muss, hier in Genf ist der Verkehr etwas anders. Zumindest die kurzen Strecken versuchen wir trotzdem, mit dem Rad zu fahren. Man muss eben ein bisschen besser aufpassen.«

Genf war in der Tat anders als der Rest, den wir von der Schweiz zu sehen bekamen, auf seine Art aber ebenso charmant. Praktisch die ganze Welt hineingepfercht in ein relativ kleines Schweizer Städtchen inklusive einer ordentlichen Portion Luxus und Dekadenz.

Da wir es allerdings am selben Tag nach Frankreich schaffen mussten, blieb kaum Zeit zum Verweilen. Recht flott düsten wir daher durch die Metropole und versuchten gleichzeitig, möglichst viele Eindrücke mitzunehmen. Als es auf einer zweispurigen Schnellstraße bei einer Ampel auf unserem Streifen nicht mehr weiterging, beschloss ich, rechts an der Kolonne vorbeizufahren. Elisabeth hatte sich kurzfristig für die linke Seite entschieden. Der Busfahrer, der sich auf der zweiten Spur in hohem Tempo näherte, sah sie dabei offensichtlich nicht und donnerte regelrecht auf sie zu.

»Pass aaaauuuuuuffff!!«, schrie ich ihr entgegen.

Elisabeth schaffte es gerade noch, sich nach rechts zwischen zwei Autos zu pressen. Mit lautem Gehupe kam die Kolonne zum Stillstand und der Bus raste lediglich mit einer Fingerbreite Abstand an ihr vorbei.

Während ich das Geschehen zunächst im Schockzustand nur wie in Trance beobachten konnte, sprang ich nun sofort von meinem Fahrrad und eilte durch die Kolonne, um sie zu mir an den Straßenrand zu ziehen. Wir setzten uns auf den Boden eines Gehsteigs und umarmten uns.

Eine gefühlte Ewigkeit sagten wir gar nichts. Dann ertönte ihr zitternder, flüsternder Gesang:

»I want to ride my bicycle, I want to ride my bike.«

»Weißt du eigentlich, was du mir gerade für einen Schrecken eingejagt hast?«

»Ich hab das mit den besten Radwegen vielleicht etwas zu wörtlich genommen.«

Daraufhin zog ich sie fest an mich:

»Ich glaube, ich hab mir noch nie solche Sorgen gemacht. Ich bin so glücklich, dass dir nichts passiert ist.«

Wir saßen gedankenverloren am Straßenrand und starrten ins Leere. Ich musste an Albert und seine bei einem Verkehrsunfall verstorbene Frau Ilse denken. Es kann verdammt schnell gehen. Oft reicht eine Sekunde der Unachtsamkeit.

Als die Sonne am Horizont hinter dem Genfer See verschwunden war, wussten wir, dass es nun wirklich an der Zeit war, weiterzufahren. Einen finalen Hügel mussten wir noch hinauf, um uns der Grenze nach Frankeich zu nähern, allerdings mit deutlich mehr Vorsicht.

Aus breitspurigen Straßen wurden wieder feine Radwege und der Verkehr nahm ab. Nach einer kilometerlangen Abfahrt nach Chancy überquerten wir rund eine Stunde später, mitten in einem Wald gelegen, die Grenze. Begrüßt wurden wir von einer vollen Ladung Stechmücken, die, wie wir mit hundertprozentiger Sicherheit überzeugt waren, anstelle der Grenzpolizei dort stationiert wurden.

Einige Kilometer weiter erreichten wir unser Tagesziel in Vulbens. Einer unserer intensivsten Radtage ging zu Ende. Anstrengend, nervenaufreibend, aber trotz allem in Summe unfassbar schön.

John F. Kennedy hatte schon irgendwie Recht: »*Nichts ist vergleichbar mit der einfachen Freude, Rad zu fahren.*« Außer vielleicht mit der Freude darüber, wenn dabei alles gut geht.

BERUF + EUPHORIE = BERUFUNG

*The only way to do great work is
to love what you do.*

Steve Jobs

Der einzige Weg, großartige Arbeit zu leisten, ist zu lieben, was man tut.

ELISABETH

»Ach herrje, ist es spät. Wir haben verschlafen«, flüsterte ich Christoph zu, während ich ihn, wie an eine Türe klopfend, aufweckte. »Knock, knock, Monsieur. Wir müssen uns beeilen«, ergänzte ich, bevor er auf die Uhr blickte und erschrocken aufsprang.

Es war 10:00 Uhr, die bevorstehende Etappe mit 110 Kilometern zwar verhältnismäßig kurz, aber eigentlich wollten wir zur Abwechslung einmal früher ankommen.

Wir verließen das Apartment und starteten in die ersten Kilometer, bei denen es stetig bergauf ging. Anstrengender Start, dessen traumhafte Streckenführung allerdings jede Schweißperle rechtfertigte. Wunderschöne Serpentinen, die zwischen grünstem Walde und plätschernden Gewässern verliefen. Der Fluss Rhône, dessen kristallblaue Farbe magisch schön funkelte, begleitete uns, wenn wir rechts nach unten blickten. Zusätzlich zu dieser idyllischen Landschaft durften wir auch einen Triumph verbuchen, weil wir mit unseren Mountainbikes sechs sportlich aussehende Rennradfahrer überholt hatten.

Aber wie heißt es so schön? Hochmut kommt vor dem Fall.

Nachdem wir die Spitze des Hügels erreicht hatten und uns eine lange Abfahrt bis zur nächsten Ortschaft bevorstand, sahen wir plötzlich einen Hund herannahen. Die gefletschten Zähne einer schwarzen Deutschen Dogge kamen immer näher. Ich wollte so schnell wie möglich davonfahren. Christoph hingegen meinte, dass dies der größte Fehler sei, den ich in diesem Moment machen könnte. Aber ja … Angst hatten wir schon ziemlich. Gefühlsmäßig war dieser Hund größer als wir beide zusammen, auch wenn dies objektiv betrachtet absoluter Humbug war.

Glücklicherweise hatten wir einen Pfefferspray dabei, den wir vor unserer Abfahrt von einem Waffengeschäftsbesitzer mit den Worten: »Einsetzen, waun ana drum bettelt« erhalten hatten. Nun bettelte also ganz offensichtlich jemand darum. Mit der »Waffe« in der Hand positionierten wir die Fahrräder direkt vor unseren Körpern.

»Jetzt nur nicht selbst ins Auge sprühen«, dachte ich mir.

Nero, so nannten wir den Hund in späterer Folge, wenn wir über ihn sprachen, blieb urplötzlich etwa drei Meter vor uns stehen. Wir wussten nicht so recht, wie weiter und versuchten, bergabwärts zu gehen. Nero folgte uns zunächst nicht, seine Augen allerdings fixierten unsere Bewegungen. Langsam gingen wir mit unseren Fahrrädern in den Händen immer weiter und weiter, bis wir in einem Moment beschlossen, einfach loszufahren. Ein kurzer Blick nach hinten bestätigte mir: Nero hatte das Interesse an uns verloren. Vielleicht wollte er auch nur ein paar Touristen verärgern. Verübeln konnte ich es ihm nicht. Dennoch waren wir adrenalingeladen und der hohe Puls erschwerte das Atmen auf unserer Weiterfahrt.

»Endlich, da vorne ist eine Ortschaft!«, rief ich überglücklich, als wir in Serrey einfuhren und uns direkt vor eine gemütlich aussehende Bäckerei setzten.

Der Duft von frischen Baguettes, Croissants und Pains au chocolat benebelte unsere Sinne, sodass wir beschlossen, unser »Überleben« mit mindestens tausend Kilokalorien zu feiern.

Beim Betreten der Boulangerie fielen uns sofort einige Auszeichnungen und beeindruckende Preise ins Auge. Eine Wand war von oben bis unten damit versehen und ersetzte einen Anstrich nahezu gänzlich. Als wir einen Blick in die leicht einsehbare kleine Backstube warfen, verstanden wir in der Sekunde, auf wessen Verdienste diese Preise zurückzuführen waren: Schon jemals einen Bäcker gesehen, der nach etlichen Jahren immer noch singend seinen Teig formt? Wir auch nicht. Umso faszinierender war dieser Moment.

Wir bestellten Croissants, Pains au chocolat und Kaffee und gingen damit in den dazugehörigen Garten. Ein erster Bissen und … oh mon dieu! Wir hatten wahrhaft nie zuvor etwas Besseres gegessen. Der faszinierende Bäcker, der atemberaubende Geschmack, die Sonne im Nacken … ein perfekter Moment.

Bevor wir weiterfuhren, holten wir uns vom direkt nebenan gelegenen Greißler Obst. Die Besitzerin stand ebenso lebensfroh im Geschäft und pfiff ein Lied. Wir konnten unseren Augen kaum trauen.

War dies vielleicht des Bäckers Gemahlin? Und wenn nicht … was war in dem Wasser dieser Stadt, dass jeder scheinbar intensiv den Moment genoss und liebte, was er tat?

Sie wog unser Obst ab, als wären rohe Eier darin versteckt und lächelte uns dabei an. Kurz bevor sie unser Wasser in ihr Kassensystem eingab, sagte sie:

»Da draußen ist ein Brunnen. Dort ist das Wasser gratis und viel besser, meine Lieben.«

Waren wir etwa tot? Anders konnten wir uns diese Freundlichkeit hier schlicht und ergreifend nicht erklären. Aber wer weiß, vielleicht war da draußen in dem Brunnen genau das Wasser, das so glücklich machte.

In Anbetracht der Tatsache, dass unerwartet nach diesem Halt für weitere sechzig Kilometer keine Chance bestand, die Wasserflaschen aufzufüllen, waren wir froh, den Brunnen genutzt und zuvor so viel Freundlichkeit erfahren zu haben.

35 Grad Celsius, pralle Mittagssonne, leere Trinkflaschen und nirgendwo eine Ortschaft in Sicht. Jeder Baumschatten wurde für eine Pause genutzt und die Idee, Flusswasser zu trinken erschien immer attraktiver. Wir quälten uns dennoch erneut durstig auf das Fahrrad und fanden uns kurz vor einem Schwächeanfall endlich in einem Ort wieder. Einem total ausgestorbenen Ort. Sonntag. Bravo …

Ein Fußgänger kam uns entgegen. Nachdem wir ihn mit unserem panischen »Halbfranzösisch« fast verschreckt hatten, verstand er letzten Endes doch, was wir wollten und dass es nicht sein Geld war. Er war sogar so freundlich, dass er uns zu der einzig geöffneten Bar im Ort begleitete. Vermutlich, weil er sah, wie dehydriert wir waren und uns nicht mehr zugetraut hatte, seinen Wegbeschreibungen folgen zu können.

Zwei Liter eiskaltes, fast schon frostiges Mineralwasser pro Person mehr und infolgedessen ein paar Gehirnzellen weniger saßen wir in einer total heruntergekühlten Bar und aßen einen Traubenzucker nach dem anderen. Selbst dem Barkeeper entlockte dies ein Schmunzeln und er füllte unsere Trinkflaschen nach einem kurzen Gespräch kostenlos auf.

Von hier an verblieben zum Glück nur zwanzig Kilometer bis zu unserem Tagesziel: Saint Didier de la Tour, wo wir ein Zimmer auf einem Bauernhof gebucht hatten.

Es überraschte uns eigentlich nicht, dass diese letzten Kilometer abseits der Rhône stetig bergauf führten. Das ein oder andere Fluchen konnten wir uns allerdings nicht verkneifen. Langsam näherten wir uns dem Hof und bei der Zufahrt tollten uns zwei Hunde entgegen.

»Neeeein, nicht schon wieder«, brüllte ich ziemlich verzweifelt, als Maude den Vierbeinern zurief, dass sie sofort wieder zurückkommen sollten.

Maude und ihr Mann Guillaume hatten den Hof vor einigen Jahren übernommen und diesen wunderschön ausgebaut. Neben rund 300 Hühnern, 100 Schweinen und einigen Kleintieren befanden sich hier außerdem 22 Pferde. Wie die zwei tickten, lässt sich vermutlich gut durch ihren Lebensmittelbezug erklären. Äußerst selten sahen sie einen Supermarkt von innen. Im Regelfall ernährten sie sich von den Produkten, die sie am Hof erwirtschafteten, beziehungsweise unterstützten sich die Landwirte hier gegenseitig mit ihren unterschiedlichen Erzeugnissen. Essenzielle Produkte, die es nicht auf dem eigenen Bauernhof gab, bekamen sie von ihnen aus der direkten Umgebung und umgekehrt.

Obwohl dies für uns im ersten Moment etwas einschränkend und aufwändig wirkte, sahen wir sofort, wie glücklich die beiden mit ihrem gewählten Lebensstil waren. Sie liebten ihren Hof und sie liebten es, so nachhaltig wie möglich zu leben. Selbst ihre drei Kinder waren nach wie vor fast täglich bei ihnen und wollten den Betrieb in Zukunft weiterführen.

Diese Familie arbeitete viel, legte enormen Wert auf Zusammenhalt, aß kaum verarbeitete Lebensmittel und machte alles hier mit unendlicher Liebe und Freude …

… und das schmeckte und spürte man auch …

WANN HAST DU DAS LETZTE MAL ETWAS VÖLLIG NEUES PROBIERT?

If you always do what you've always done,
you'll always get what you've always got.

Henry Ford

Wer immer tut, was er schon kann,
bleibt immer das, was er schon ist.

CHRISTOPH

Dass nicht nur auf deutschen Bauernhöfen früh zur Tagwache gerufen wird, ließ uns der französische Hahn ab 05:00 Uhr spüren. Somit stellten wir unseren Erholungs- und Schönheitsschlaf recht bald ein und begaben uns die Stiegen hinunter, wo uns Maude bereits mit einem Bio-Frühstück empfing.

Nachdem sie und Guillaume am Vorabend mit Freunden unterwegs gewesen waren, fanden wir nun Zeit für einen Austausch. Maude hatte bis vor einigen Jahren in einem Restaurant als Köchin gearbeitet, ihre Freizeit jedoch fast ausschließlich auf einem Pferdehof verbracht. Dort hatte sie Guillaume kennengelernt, der Elektriker war. Gemeinsam beschlossen sie, ihre erlernten Tätigkeiten an den Nagel zu hängen und voll und ganz ihrer Leidenschaft nachzugehen.

»Wir hatten zwar überhaupt keine Vorstellung davon, was alles damit einhergeht, einen Hof mit Tieren zu übernehmen, aber wir werden es nie bereuen«, ließen uns die beiden wissen.

Ursprünglich waren sie Parytlöwen gewesen und hatten sich unabhängig voneinander die Nächte um die Ohren geschlagen. Erst die Tiere lehrten sie das frühe Aufstehen und zeitige Schlafengehen zu schätzen.

»Ab und zu würde ich schon gerne die gefühlt 300 mit Kot geschmückten Stallungen gegen eine einzige dreckige Küche eintauschen«, gab Maude zu. »Gleichzeitig habe ich mich nie so sehr bei mir gefühlt, wie seit diesem Moment, in dem ich beschlossen hatte, meine alten Gewohnheiten zurückzulassen und etwas völlig Neues auszuprobieren.«

Unser Tagesthema war damit festgelegt, denn uns beiden war ebenso klar, dass wir nach unserer Rückreise nicht mehr in unsere gewohnten Tätigkeiten zurückkehren, sondern uns, ähnlich dieser Radreise, in neue Abenteuer stürzen wollten.

Während der Fahrt hatten wir darüber hinaus jede Menge Zeit zu plaudern, denn abermals gelang es uns auf einer Distanz von sechzig Kilometern nicht, ein geöffnetes Café zu finden. Es machte uns traurig, zu sehen, wie diese wunderschönen, alten, französischen Dörfer teils völlig ausgestorben waren und verfielen. Die Flucht der Bevölkerung ans Meer im Sommer mag das Ihre dazu beigetragen haben. Wie wir jedoch bei unseren Recherchen im Anschluss festgestellt hatten, waren einige der Dörfer aufgrund der Landflucht tatsächlich mittlerweile das ganze Jahr über nahezu menschenleer.

Erst knapp zehn Kilometer vor unserer Rückkehr an die Rhône stießen wir in Épinouze wieder auf etwas mehr Lebendigkeit auf den Straßen. Die Rollläden waren zwar vielerorts noch immer heruntergelassen und ein richtiges Café konnten wir nicht ausfindig machen, allerdings erblickten wir unweit der Dorfkirche ein kleines Wettbüro mit kombiniertem Mini-Shop, die Bar le Verre Sol. Hier wollten wir zumindest Wasser auftreiben, um unsere Flaschen zu befüllen.

Schon beim Eintreten in den rustikal aussehenden Laden stachen mir sämtliche französische Zeitungen ins Auge, die vom neuen französischen Helden in Gelb, Julian Alaphilippe, schrieben. Er hatte tags zuvor eine weitere Etappe der Tour de France gewonnen und somit das gelbe Trikot verteidigt.

»Regarde! Deux cyclistes de la Tour de France!«, scherzte der Mann hinter dem Tresen, als wir zu ihm traten.

So viel Ironie hatten wir nach all den »ausgestorbenen« Dörfern gar nicht erwartet. Nachdem wir ihn wissen ließen, dass uns die Fahrt durch diese schöne Gegend bereits ausreichend forderte, meinte er:

»Freut mich, dass es euch hier gefällt.«

»Absolut. Wir finden es nur schade, dass viele Dörfer verlassen wirken.«

»Ja, das macht uns sehr traurig. Unsere Kinder und Enkel ziehen nahezu alle in die Städte und man kann es ihnen kaum verübeln.«

»Wobei hier in Épinouze verhältnismäßig viel los ist, oder?«

»Viel ist wohl übertrieben. Aber die Dörfer rundherum machen uns klar, wie wichtig es ist, als Gemeinschaft zusammenzuhalten. Daher haben wir eine Schule, Ärzte, diesen Laden hier und einen Gemeindesaal, wo wir immer wieder neue Aktivitäten anbieten, kürzlich zum Beispiel unseren ersten Tanzkurs.«

»Das finde ich wirklich toll! Auf einem Plakat draußen stand, dass ihr auch EU-Förderungen für die Dorferhaltung bekommt.«

»Ja, das stimmt. Dabei geht es allerdings um den Erhalt der alten Gebäude. Die junge Generation wird deswegen nicht hier bleiben. Da bräuchte es mehr als ein paar Gemeindeaktivitäten und renovierte Häuser.«

Es war frustrierend zu sehen, dass trotz all der Bemühungen kaum etwas getan werden konnte, um junge Leute in den Dörfern zu halten. Gleichzeitig war es erfrischend, eine Gemeinde wie diese zu erleben, die dennoch ihr Bestes versuchte.

Die optimale Herangehensweise an diese Thematik beschäftigte Elisabeth und mich noch einige Zeit. Besonders gut gefiel uns der Ansatz der Bevölkerung in Épinouze, immer wieder Neues zu probieren. Als kleines Dorf mit beschränkten Mitteln konnte sie dabei freilich nur wenig anrichten. Es bräuchte daher wohl auch im Hinblick auf EU-Förderungen verstärkt den Mut, neue Ansätze zu verfolgen, um jenseits von Gebäudeerhaltungen und ähnlichen bestehenden Bemühungen jungen Leuten im Dorf die Mittel zu geben, selbst in der eigenen Heimat etwas bewirken zu können. Wie wir einige Tage später feststellen sollten, nahm das Phänomen der Geisterdörfer in Spanien schließlich nochmals deutlich zu. Dass dies eine europaweite Herausforderung war, konnte also keinesfalls negiert werden.

Zurück an der Rhône gelang es uns, die restlichen Kilometer bis Bourg-lès-Valence zügig abzuspulen und unser nächstes Opfer fürs Wäschewaschen in unserem Hostel zu identifizieren. Diesmal bestand ich darauf, die Radkleidung persönlich in die Waschmaschine stecken zu dürfen. Aufgrund der Gefahr von Verätzungen, wie ich den Rezeptionisten wissen ließ.

Wohl nicht zuletzt wegen meines miserablen Französisch (das Wort »brûlure chimique« habe ich davor natürlich ergoogelt), dauerte es ein wenig, bis der Rezeptionist verstanden hatte, dass wir scherzten. Dass er es tatsächlich nicht so mit unserem Humor hatte, stellte sich nur wenige Sekunden später heraus. Ich war praktisch noch immer dabei zu erklären, warum wir so viel Dreckwäsche hätten, als ich, wieder im versuchten Scherz, erklärte, dass wir der Tour de France nachjagen würden.

»Mais vous êtes proches!«, ließ er uns wissen, dass die Tour de France aktuell gar nicht weit entfernt war. Wobei gar nicht weit entfernt in diesem Fall rund 180 Kilometer bis Nîmes bedeuteten.

»Oh là là«, packte ich eine meiner feinsten französischen Redewendungen aus.

»Ce n'est vraiment pas loin«, half mir Elisabeth aus.

Insgeheim war uns natürlich klar, dass 180 Kilometer mit dem Fahrrad viel zu weit waren. Schließlich kamen die Teilnehmer nicht erst zu unserer bevorzugten Ankunftszeit um 22:00 Uhr ins Ziel, sondern eher schon gegen 17:00 Uhr.

Dennoch ließ uns unser, wie immer verrückter, Schädel nicht mehr in Ruhe: Wann werden wir das nächste Mal die Chance haben, die Tour de France zu sehen? Was sind schon 180 Kilometer im Vergleich zu 3800 Kilometer bis Marokko? Die Rhône entlang radeln kann jeder. Aber wer schafft es, die Tour de France einzuholen?

Somit war der Löwe, oder sagen wir zumindest eine kleine, süße Miezekatze, in uns geweckt und wir suchten nach Wegen, die Tour de France am Folgetag zu erwischen. 180 Kilometer bis Nîmes waren wohl tatsächlich etwas zu viel. Da hätten wir erst gar nicht schlafen zu gehen brauchen. Also sahen wir uns den genauen Routenverlauf an und stellten dabei erfreulicherweise fest, dass die Athleten sich im Laufe des Rennens bis auf 120 Kilometer Entfernung herannäherten. Das war unsere Chance, sie abzupassen.

Und war es nicht längst wieder Zeit für eine neue Herausforderung?

ZIELE SETZEN UND NIE AUFGEBEN

Be like a postage stamp. Stick to one thing until you get there.

Joseph Billings

Sei wie eine Briefmarke. Bleib an einer Sache dran, bis du am Ziel bist.

ELISABETH

»Um halb fünf aufstehen, damit man sich bis 13:00 Uhr zu Tode strampelt, um ein paar Radfahrer für zwanzig Sekunden vorbeirasen zu sehen? Würd ich nicht machen. Aber ihr hattet ja immer schon einen Vogel.«

Sehr liebevolle Worte, die uns ein Freund am Vortag telefonisch entgegengebracht hatte. Während wir zu diesem Zeitpunkt noch darüber lachten, mussten wir um 04:30 Uhr feststellen, dass er vielleicht Recht hatte. Zugeben wollten wir dies natürlich nicht und aufgeben noch viel weniger.

Halb schlafwandelnd begaben wir uns ins Badezimmer und versuchten, langsam zu erwachen. Kaltes Wasser im Gesicht half zunehmend dabei, Konturen zu erkennen. Ein plötzlich auftauchender penetranter Rauchgeruch riss uns aus der Lethargie.

»Riechst du das?«, fragte mich Christoph.

»Ja, klar. Könnte sein, dass etwas in die Klimaanlage gekommen ist. Ich mach mal das Fenster auf.«

Keine fünf Sekunden später folgte jedoch die Erkenntnis: Wir hatten unsere nasse Wäsche am Vorabend zum Trocknen über Lampen gehängt, die nun heiß wurden und die Kleidung beinahe in Flammen gesetzt hatten. Ich schrie auf und versuchte, das Gewand so schnell wie möglich von den Lampen abzuhängen. Christoph drehte währenddessen alle Lichter ab.

Als wir sahen, dass wir einen Brand im letzten Moment hatten verhindern können, lachten wir verzweifelt. Ähnlich einem ganz schlechten Horrorfilm, wenn die Darsteller zwar gerade überlebt hatten, aber jeder wusste, dass der tödliche Angriff nur Sekunden später folgen würde. Unser Puls war auf zweihundert und nach ein paar Sekunden fing ich – halb aus Müdigkeit, halb aus Erleichterung – an, zu weinen.

»Wir sind echt die dümmsten Menschen weltweit. Gott sei Dank haben Dumme immer a Masen«, kommentierte ich die Situation hochqualifiziert.

Ein echtes Glück, dass an diesem Morgen nichts passiert war und ein ebenso glücklicher Zufall, dass in diesem Hostel weit und breit keine Feuermelder angebracht waren. Bei einem Einsatz hätten wir uns andernfalls nicht nur die Tour de France, sondern die gesamte Reise abschminken können.

So als wäre nichts passiert, stiegen wir um 05:00 Uhr auf unsere Fahrräder und starteten mit Stirnlampen in die ersten fünfzig Kilometer, die wir überraschend schnell abspulten. Unser Frühstück bestand aus mindestens 150 verschiedenen schmackhaften Insekten, die unweigerlich in unser Gesicht knallten. #Zeitmanagement

Wir zwei Wohlstands-Österreicher brauchten dennoch erst einmal einen Kaffee, bevor wir die nächsten fünfzig Kilometer in Angriff nehmen wollten. Mittlerweile war es schon hell und faszinierend windstill im Vergleich zu den letzten Tagen. Generell würde ich sagen, dass es 11:0 für den Gegenwind stand. Vielleicht würde sich das ja an Tag zwölf ändern.

Ein kurzer Blick auf die Uhr sagte uns: genug Kaffee, genug Pause, auf geht's. Wieder schwangen wir uns auf unsere Räder und versuchten, einen schnellen Schnitt beizubehalten. An dieser Stelle sei angemerkt: Wenn ich schreibe, »wir schwangen uns auf die Räder«, darf man sich ehrlicherweise nicht vorstellen, dass dies tatsächlich agil und elegant passiert ist. Seit Tag zwei war das »Aufs-Rad-Schwingen« mit Schmerzen, Flüchen und regelmäßigen Beschwerden darüber, dass es nicht besser wurde, verbunden. Insofern sahen wir beim »Aufs-Rad-Schwingen« jedes Mal eher wie erwachsene Windelträger mit gewaltigen O-Beinen aus.

Trotzdem verliefen die 120 Kilometer bis Connaux, wo wir ein Stück der Tour de France beobachten wollten, ohne gröbere Zwischenfälle. Wir kamen überpünktlich gegen 13:00 Uhr an, sicherten uns einen netten Schattenplatz und genossen die Stimmung der Menschenmasse vor Ort, die von Minute zu Minute größer wurde.

Knapp eineinhalb Stunden verbrachten wir total aufgeregt inmitten jubelnder und euphorischer Menschen, als um 14:30 Uhr die Begleitautos der Rennfahrer hupend an uns vorbeifuhren.

Wir vernahmen bereits das Geräusch eines Helikopters in der Ferne und ganz vorne, am Ende der Straße, begannen die Menschen zu kreischen, zu applaudieren und zu grölen.

Jetzt musste es so weit sein. Wir begaben uns gespannt in Stellung und da flitzten schon die Athleten in einem Tempo vorbei, das an Wahnsinn grenzte. Mit dem besten Rennrad bergab könnte ich nicht schneller sein.

Die Kraft, die in Sekundenschnelle immer und immer wieder auf die Pedale traf, nahezu unermüdlich, war gewaltig, aber eben wirklich schnell. Weshalb unser Handy-Video die prophezeiten zwanzig Sekunden eher ein wenig unterschritt.

Wert war es uns das trotzdem allemal. Viel zu beeindruckend war die Tatsache, was man mit dem nötigen Biss, einer starken Willenskraft und dem Credo »niemals aufgeben« schaffen konnte.

Für einen kurzen Moment waren all unsere Schmerzen und die Müdigkeit vergessen. Wir fingen an, in die Pedale zu treten, als würden wir die nächste Etappe der Tour de France selbst gewinnen wollen und versuchten, die letzten sechzig Kilometer bis zu unserem Ziel Nîmes hinter uns zu bringen.

Wenig überraschend begegnete uns der heißgeliebte Gegenwind wieder, sodass wir erst nach 18:00 Uhr im Ort ankamen und die Zieleinfahrt knapp verpassten.

Dafür konnten wir die letzten drei Kilometer der Strecke völlig alleine abfahren und passierten die Ziellinie. Allerdings waren zu diesem Moment nur noch die Freiwilligen vor Ort, die dabei waren, alles abzubauen. Zumindest einer von ihnen applaudierte auch für uns. Also: Ziel erreicht.

Nachdem wir uns ganz kurz in unserem Zimmer erfrischt hatten, suchten wir auf unseren Fahrrädern nach einem Lokal, um den Tag ausklingen zu lassen.

Da die Stadt aufgrund der Tour de France an diesem Abend ziemlich überlaufen war, fanden wir weit und breit keinen Tisch. Kurz bevor wir wieder auf unsere altbewährte Supermarkt-Methode zurückgreifen wollten, rief uns ein Kellner hinterher, dass er eine Sitzmöglichkeit für uns hätte, wenn es für uns in Ordnung wäre, den Tisch mit zwei anderen Personen zu teilen. Wir gingen prompt zurück, sperrten unsere Räder quasi direkt neben dem Tisch ab und setzten uns zu den zwei Herrschaften.

»Bonjour«, begrüßten wir die beiden.

»Bonjour cyclistes«, entgegneten sie.

Zwischen den beiden, Miguel und Ivan sowie Christoph und mir, gab es zwei klare Verbindungen, nach denen wir nicht lange suchen mussten: Sie waren gleichfalls nur aufgrund der 15. Etappe der Tour de France nach Nîmes gekommen und eine große Leidenschaft war das Fahrradfahren.

Miguel und Ivan waren Brüder und gebürtige Pariser, ihre Mutter stammte aus Kolumbien. Sie erzählten uns, dass sie aus armen Verhältnissen kämen und ihre Eltern daher ein Studium für die beiden aus Geldgründen kategorisch ausgeschlossen hätten. Trotzdem hatten sie neben ihrer Begeisterung zum Radsport eine weitere Passion: die Architektur. Warum sie immer schon die gleichen Interessen hatten, konnten sie sich nie erklären. Trotzdem meinten sie, dass es so einfacher sei, sich gegenseitig zu unterstützen.

»Wir hätten auch versuchen können, uns gegeneinander auszuspielen. Dann würden wir vermutlich beide heute ein unglückliches Leben führen. Wir haben einfach immer zueinander gehalten und versucht, uns gegenseitig zu pushen. Mittlerweile studieren wir Architektur und können uns einen Abend im Restaurant ohne schlechtes Gewissen leisten. Hin und wieder gehen wir uns zwar schon auf die Nerven, die Vorteile überwiegen aber. Und solange keiner von uns eine Freundin hat, ist es selbst mit der Privatsphäre nicht so heikel.«

Intensiv berichteten sie uns anschließend über ihr absolutes Tour de France Idol, Nairo Quintana.

Quintana ist Kolumbianer, 1990 in Boyacá geboren und in einer Bauernfamilie auf 2800 Höhenmetern in den Anden aufgewachsen. Sein

Vater hatte schon in seiner frühen Kindheit einen Unfall gehabt, weswegen er mit all seinen Geschwistern täglich am Hof mithelfen musste. Aus Geldnot waren die Eltern nicht in der Lage, den Schulbus zu bezahlen, sodass er täglich mit einem zwanzig Kilogramm schweren Fahrrad in die Schule nach Arcabuco fahren musste. Eine Strecke betrug 25 Kilometer und führte mit achtprozentiger Steigung bergauf zurück.

»Seine Leistung im Moment ist der absolute Wahnsinn, aber er war auch schon vorher ein Vorbild für uns«, merkte Miguel an.

»Die Stärke, die dieser Mensch in sich trägt, ist einfach verblüffend. Er zeigt uns, dass man alles erreichen kann, wenn man es sich hart genug in den Kopf setzt und nie aufgibt«, setzte Ivan fort.

»Wenn wir uns Ziele stecken und wissen, dass wir hart arbeiten müssen, um sie zu erreichen, sagen wir immer: Das muss im »Quintana-Stil« erledigt werden«, meinte Miguel lachend.

Eines Tages würden sie ihn gerne treffen und ihm sagen, wie sehr er ihr Leben und den Spaß am Radfahren geprägt hätte. Bis dahin werden sie all seine Rennen verfolgen, live oder im Fernsehen.

SEHNSUCHT NACH SALZWASSER

The cure for anything is salt water:
sweat, tears, or the sea.

Karen Blixen

Das Heilmittel für alles ist Salzwasser:
Schweiß, Tränen oder das Meer.

CHRISTOPH

»Ding Dong, Ding Dong, wer steht dort vor der Tür? Vielleicht ist es der Postillion und bringt Millionen mir«, summte das Lied der EAV durch meinen Kopf, als ich gerade aus der Tiefschlafphase in die morgendliche Nachträumphase überging.

»Ding Dong, Ding Dong, wer steht dort vor der Tür?«

Plötzlich riss es mich aus den Federn, denn es war 09:30 Uhr und es läutete tatsächlich an der Tür. Während sich das Lied in meiner Gedankenwelt mit der Zeile »... es ist der Exekutor und nimmt das Fahrrad dir« vollendete, fiel mir ein, dass wir unserem Vermieter, Florence, am Vortag zugesagt hatten, aller-aller-aller spätestens um 09:00 Uhr loszufahren.

Der Nachteil eines jeden traumhaften und intensiven Radtages war, dass sich der »Morgen danach« fürchterlich anfühlte. Insbesondere, wenn man spätabends mit den Tischnachbarn beschlossen hat, ein, zwei Pastis zu trinken, aus denen dann drei, vier wurden und letzten Endes sogar eine zusätzliche Flasche. Schließlich sei man zu viert und da rentiere sich das. Außerdem käme man so jung sicher nicht mehr zusammen. Sofern man überhaupt jemals wieder aufeinander träfe. Die Tour de France erlebt zu haben, galt es obendrein zu befeiern.

Mittlerweile hatten wir jedoch sowohl reichlich Erfahrung beim Reinspringen in die Radkleidung als auch im Zusammenpacken der Sachen. Vermutlich in Rekordzeit begaben wir uns somit aus den Betten wieder auf die Räder. Wir entschuldigten uns bei Florence für die leichte Verspätung. Der wiederum meinte nur, er verstehe das gut mit dem Pastis. Eine Vielzahl an morgendlichen Verspätungen in Südfrankreich sei wohl auf die Wirkung dieses »Zaubertranks« zurückzuführen.

Halb benommen fingen wir erneut an, in die Pedale zu treten und ließen das wunderschöne Nîmes hinter uns. Für Stadtbesichtigungen blieb leider viel zu wenig Zeit, aber es ging uns sowieso mehr um die Begegnungen mit Menschen am Weg. Außerdem gab es keinen Grund für Trauer, denn an diesem Tag stand uns die erstmalige Ankunft am Meer bevor.

Davor mussten wir uns aber über einige hügelige Forststraßen nach Montpellier kämpfen. Diese ließen uns die Wirkung des »Zaubertranks« nochmals ordentlich spüren. Die selbst für südfranzösische Verhältnisse extreme Hitze trug das Ihre dazu bei. Generell war ich zwar davon überzeugt, dass kaum etwas den Körper so sehr reinigen und gleichzeitig im stressigen Alltag beruhigen konnte wie das Schwitzen. An diesem Tag war mir jedoch klar, dass dies nicht nur Schweiß sein konnte, sondern der Pastis vom Vorabend in seiner pursten Form.

Nach rund dreißig Kilometern beschlossen wir, eine Pause einzulegen. In einem Supermarkt besorgten wir uns Erfrischungen und setzten uns danach wie Hunde in den einzig auffindbaren Schatten zu den Einkaufswägen. Spätestens seit München waren wir die damit einhergehenden Blicke gewöhnt. Während ich mir Früchte, Smoothie und Baguette mit französischer Salami zum »Aufsaugen« des Pastis' hineinwarf, entschied sich Elisabeth dafür, es bei Wasser zu belassen.

Die Disziplin, die sie immer wieder an den Tag legte, faszinierte mich. Während ich die Theorie vertrat, »nur ein Kebab um drei in der Früh kann den Alkohol im Blut richtig ausbalancieren« und dies konsequent am nächsten Tag fortsetzte, war Elisabeth beim Kebab im Dusel zwar dabei, ließ ihren Körper am Folgetag aber immer richtig spüren, was es bedeutete, wenn er zu viel erwischt hatte. Im Stile, »wenn sich das Hirn schon einbildet, nicht »nein« zu immer mehr Pastis sagen zu können, dann soll es am nächsten Tag die vollen Konsequenzen zu spüren bekommen«.

Nachdem der erste Franzose knapp davor gewesen war, uns das Retourgeld aus seinem Einkaufswagen in den vor uns liegenden Radhelm zu werfen, wussten wir, dass es Zeit war, weiter zu radeln.

In Montpellier angekommen, suchten wir uns eine kleine Brasserie in einer Nebengasse. Den grundsätzlich verlockenden Happy-Hour-Angeboten konnten wir problemlos widerstehen. Während Elisabeth es weiterhin bei Mineralwasser beließ, gönnte ich mir wieder Eistee und einen Snack: in diesem Fall einen Croque Madame. Ursprünglich hätte es ein Croque Monsieur werden sollen. Allerdings war ich letzten Endes davon überzeugt, dass ein Spiegelei obendrauf genau das war, was mein Körper in diesem Moment brauchte: Proteine, Proteine und nochmals Proteine.

Während wir angesichts der Strapazen eher wortkarg nebeneinander saßen, fingen wir an, dem Dialog zweier Fischer aus der Region am Nebentisch zu lauschen. Angesichts des starken Akzents war mein Französisch zwar rasch am Limit, aber jenseits der einzelnen Worte, die ich aufschnappen konnte, half mir Elisabeth, die Zusammenhänge zu verstehen. Die beiden dürften einander länger nicht mehr gesehen haben, in der Vergangenheit hingegen oft gemeinsam am Meer unterwegs gewesen sein. Als sie bemerkten, dass wir mithörten, bauten sie uns in das Gespräch ein.

»Vous êtes français?«

»Non, non, autrichiens«, ergänzte ich, um unsere Herkunft zu offenbaren. »Aber wir lieben Frankreich sehr.«

»Pah ... Frankreich. Was ist das heute schon?«

Mein weiteres Lob für das Land ließ ich somit stecken und versuchte das Thema rasch zu wechseln.

»Sind Sie Fischer in dieser Region?«

»Oui, oui. Es hat sich jedoch viel verändert. Es gibt praktisch keine Fische mehr im Wasser. Gerade einmal ein paar winzig kleine.«

»Und sehr viel Plastik«, ergänzte sein Kompagnon.

Der Rückgang an Fischen stellte die beiden klein-organisierten Fischer also offensichtlich vor immer größere Herausforderungen. Die Zunahme an Plastik im Meer verschärfte das Problem.

»Wir werden trotz allem für den Rest unseres Lebens in das Meer verliebt bleiben.«

Das konnten wir beide gut nachvollziehen. Trotz Kater an diesem Tag freuten wir uns riesig auf unser erstes »Aufeinandertreffen« mit dem Meer auf dieser Reise. Erst knapp davor hatten wir besprochen, dass wir zwar viele Begeisterungen aus der Kindheit sukzessive abgelegt hatten, jene für den Ozean hingegen stets unverändert intensiv geblieben war.

Bis heute halte ich es kaum aus, wenn wir am Meer sind, oder eben daran entlang radeln, nicht ins Wasser zu gehen. Das findet Elisabeth, die selbst eine Wassernixe ist, zwar meist lustig, aber irgendwie kann das Eintauchen und Abtauchen ins salzige Nass, kombiniert mit den endlosen Blicken über den Ozean, für mich durch nichts ersetzt werden.

Nachdem wir eine Einladung der beiden Fischer auf zwei Pastis im Wissen, wie das enden würde, gerade noch ausschlagen konnten, ging es ein paar Kilometer weiter – nun tatsächlich zum Meer.

Dabei unterschätzten wir wieder einmal, wie weit »die paar Kilometer weiter zum Meer« in Realität waren. Während ich mittlerweile nicht mehr genau sagen konnte, wovon mir übel war, stieß Elisabeth, die bis auf etwas Wasser an diesem Tag gar nichts zu sich genommen hatte, sukzessive an ihre Grenzen. Knapp zehn Kilometer vor dem Meer legten wir einen weiteren Halt auf einem Radweg ein. Meine Einladung auf einen Traubenzucker lehnte sie mit gewohnt eiserner Disziplin ab. Während ich mir als logische Konsequenz daraus also zwei davon nahm, legte sie ihren Kopf am Lenker ab.

Erst ein besonders schnell laufender Jogger brachte sie dazu, diesen wieder zu erheben und wir bemerkten beide die Tränen in ihrem Gesicht.

Läufer sind generell nicht dafür bekannt, ihr Training gerne für andere Menschen zu unterbrechen, schnelle und wirklich sportlich aussehende Läufer schon gar nicht. Es muss also danach ausgesehen haben, als hätte ich sie entweder gerade grob unangemessen berührt oder es soeben vor, als der Läufer direkt vor uns stehen blieb.

»Tu vas bien?«, erkundigte er sich bei Elisabeth und warf mir dabei einen skeptischen Blick zu.

Nachdem ich zuvor bereits als schwach und völlig untauglich für den französischen Humor bloßgestellt wurde, wurde ich nun also auch als »Grapscher« beschuldigt. »Dabei wollte ich ja eigentlich nur ans Meer«, dachte ich mir.

Elisabeth, wie immer mehr als zuvorkommend und korrekt, erklärte ihm die Situation, inklusive der Zusatzinfo, dass ich dafür überhaupt nichts könne, da sie sah, wie sehr das an meinem Ego nagte. In wunderbarem »Frenglish«, also einem »English with undeniable French accent«, warf uns der Läufer ein Zitat zu, das ungefähr folgendermaßen klang:

»La cure ... euh ... pour anything is ... euh ... salt water: sweat ... euh, tears ... euh, or the sea.«

Dieses Zitat sei zu seinem Lebensmotto geworden. Denn manchmal ginge es ihm nicht anders. Wenn Schweiß und Meer nicht mehr reichen würden, brauche es eben Tränen.

Obwohl ich bisher nicht allzu viel für diesen Läufer übrig hatte, schoss er sich mit diesem Zitat rasch in meiner Sympathieskala nach oben. Die weisen Worte kombiniert mit der Selbsteinsicht – da konnte wohl auch ich einiges lernen. Insbesondere brachte er Elisabeth wieder zum Schmunzeln, die das Zitat zwar kannte, es allerdings lustig fand, gerade in diesem Moment daran erinnert zu werden.

Villeneuve-lès-Maguelone hieß der für uns magische Ort, an dem wir erstmals die Weiten des Ozeans erblicken durften und sofort im Wasser abtauchten.

Es mag nach spiritueller Anwandlung klingen, aber es ging uns beiden in der Sekunde wirklich besser. Einen kleinen Beitrag dazu mag die Tatsache geleistet haben, dass es nur mehr rund sieben Kilometer bis Frontignan waren, wo wir uns beide, also auch wieder Elisabeth, die Mägen mit französischen Feinheiten in unserer Unterkunft vollschlugen.

Einer sehr simplen Unterkunft, um genau zu sein. Das war uns in dem Moment jedoch völlig egal. Schließlich hatte es an diesem Tag schon alle drei Arten des Salzwassers gegeben: Schweiß, Tränen und das Meer.

ERSTREBENSWERT, DIESER MINIMALISMUS

*Wie viele Dinge es doch gibt,
die ich nicht brauche.*

Sokrates

ELISABETH

»Täglich grüßt das Murmeltier«, meinte ich zwinkernd zu Christoph, als wir wieder einmal unsere sieben Sachen in die Taschen packten.

Wenngleich »seine sieben Sachen packen« im Regelfall nicht ganz so wörtlich zu verstehen ist, so haben wir uns vor der Reise darum bemüht, nicht allzu sehr von dieser Zahl abzuweichen. Normalerweise sind wir eher die Kategorie »wir brauchen in etwa fünf verschiedene Outfits, dann packen wir sicherheitshalber mal zehn ein.«

Wenn man aber weiß, dass man tagein, tagaus selbst der Packesel sein wird, der die überflüssigen Kilos – nicht nur am Körper – mit sich herumschleppen muss, wird man schon genügsamer. Wir hatten jeweils einen Rucksack, eine kleine Tasche, die direkt auf der Sattelstange montiert wurde und eine weitere, die wir uns vorne ans Lenkrad geschnallt hatten. In der vorderen beförderten wir unser Radgewand: jeweils drei Hosen und vier Fahrrad-Shirts, in die Satteltasche kam unsere »normale« Kleidung: Unterwäsche, eine Hose, drei T-Shirts sowie eine Weste. Der Rucksack blieb für eine Regenjacke, Proviant und all jene Dinge, die wir im Falle zum Reparieren von uns oder unseren Fahrrädern gebrauchen hätten können. Folglich fanden wir uns zumindest zweimal pro Tag in gewohnter Manier beim Ein- und Auspacken wieder.

Genauso gehörte es zu unserem Tagesablauf, die Taschen »mit nur einmal gehen« ins Zimmer oder zum Fahrrad zu befördern. Dazu gesellten sich stets zwei Trinkflaschen sowie unsere Helme. Eine Herausforderung, die wir jeden Tag aufs Neue unwillig angenommen und kein einziges Mal bestanden hatten. Spätestens, wenn wir den Zimmerschlüssel entgegennahmen, oder zurückgaben, brach unser Konstrukt zusammen.

Aber, aus Fehlern lernt man … oder auch nicht.

Nachdem wir also an diesem Tag zur Abwechslung unser Gepäck durch die halbe Lobby geschleudert hatten, montierten wir die Taschen, mittlerweile zumindest halbwegs routiniert, auf unseren Fahrrädern und starteten Richtung Port-la-Nouvelle.

Wir passierten dabei einen wunderschönen Ort namens Sète und spielten mit dem Gedanken, hier unsere erste Pause einzulegen. Aufgrund der geringen Kilometeranzahl beschlossen wir allerdings, ein paar Ortschaften bis Agde weiterzufahren.

Wie es eben immer so ist, glaubt man: »Es wird schon etwas Passenderes kommen.« Agde belehrte uns wieder einmal eines Besseren. Nachdem dort tote Hose gewesen war und wir nirgendwo eine nette Sitzgelegenheit gefunden hatten, machten wir unsere Pause auf einer kleinen Parkbank mit geschmolzenen Riegeln, die wir aus der Verpackung leckten.

Kurz bevor wir weiterfahren wollten, sprach uns ein junges Pärchen an. Quentin und Agathe führten ein kleines Reisebüro für Menschen, die umweltbewusst reisen wollten. Deshalb interessierten sie sich nicht nur für unser Ziel und woher wir kamen, sondern auch für unsere Ausrüstung.

»Wisst ihr, es tut so gut, wenn man nicht zu viel besitzt. Es ist generell überraschend, mit wie wenig man auskommt. Nicht nur in Bezug auf Geld«, erzählte uns Quentin. »Ihr reist auch mit wenig Habseligkeiten, habt ihr manchmal das Gefühl, euch fehlt etwas?«

»Eher, dass wir immer noch zu viel dabei haben. Man weiß halt vorab nie, was man alles brauchen wird und über die Regenjacke und eine lange Hose waren wir in Österreich und Deutschland zum Beispiel froh, seither ist es nur unnötige und sperrige Last.«

Die beiden erzählten uns ganz eifrig, wie sie ihren »Minimalismus« leben und auf welche Methoden sie dabei zurückgreifen würden. Zum Beispiel hatten sie vor etlichen Jahren ihr Auto verkauft und reparierten seit über drei Jahren im Haushalt so gut es geht alles selbst. Begonnen hatte es damit, dass sich die beiden unwohl fühlten und stets mit den alltäglichen Aufgaben des Lebens überfordert waren.

»Eines Tages bin ich nach Hause gekommen und hatte das Gefühl von Kugelschreibern überflutet zu werden. Ich meine ... wie viele tausend Stifte kann man eigentlich besitzen? Von gefühlt jeder Partei und Organisation, mit der man sich gar nicht identifizieren kann, und im Regelfall schreibt der Stift nicht mal mehr«, fing Agathe an auszuführen. »Zunächst habe ich aus Frust alle Stifte bis auf zwei Stück weggeworfen. Als ich gemerkt hatte, wie gut sich das anfühlt, habe ich dies mit dem restlichen Interieur unserer Wohnung gemacht.«

»Ich war ziemlich überrascht, als ich nach Hause kam, muss ich gestehen«, setzte Quentin fort. »Zuerst dachte ich, sie sei verrückt geworden. Ziemlich schnell aber erkannte ich, wie viel entspannter wir uns fühlten.«

Nach einer kurzen Plauderpause mit den beiden, verabschiedeten wir uns und fuhren weiter. Christoph sah mich an und sagte:

»Irgendwie denk ich mir das auch immer öfter. Wir haben momentan echt wenig bei uns und brauchen selbst davon nur die Hälfte und irgendwie lebt es sich so schon ganz entspannt.«

»Hoffentlich denken wir genauso darüber, wenn wir in ein paar Wochen nach Hause kommen. Entspannter würden wir auf alle Fälle leben. Und Kulis haben wir eher einen mehr als weniger.«

Wir passierten einige Ortschaften, bogen wie immer ein-, zweimal falsch ab und sangen wieder einmal lautstark, als wir uns schon auf der »Zielgeraden« befanden. Mittlerweile waren dies für uns immer die letzten zwanzig Kilometer einer Etappe. Dieser Tag wollte uns aber noch einmal eindrücklich zeigen, wie nah und gleichzeitig fern man einem Ziel sein konnte, wenn der Untergrund, auf dem es zu fahren galt, ein paar Eigenheiten aufwies.

Unser Weg führte einen kleinen Fluss entlang. Im ersten Moment dachten wir, es sei eine simple Schotterfahrbahn, doch wir mussten feststellen, dass die Steine teilweise so groß wie unsere Köpfe waren und die Schlaglöcher insgesamt mehr Fläche einnahmen, als die mehr oder minder geebnete Fahrbahn daneben.

Unsere Geschwindigkeit entlang dieser Strecke war wohl mit der eines Fußgängers vergleichbar, zumindest fühlte es sich so an. Ein netter Nebeneffekt war, dass die großen Steine beim »Drüberfahren« immer wieder einen angenehmen Aufschlag am Boden und Sattel mit sich brachten, worüber sich unser Gesäß, das seit Tag zwei wie wild schmerzte, überdurchschnittlich freute.

Wer lange genug jammert, kommt irgendwann trotzdem ans Ziel und so erreichten wir nach einem »Fluchkonzert« das gebuchte Apartment.

Ein älteres Paar, Inès und Gérard, öffnete uns die Tür und empfing uns herzlich. Unsere Fahrräder fanden einen netten Platz in der Garage neben einer sorgsam gepflegten Harley Davidson, deren Besitzer uns stolz anlächelte, als wir sie erspähten. Neben dem Herzstück von Gérard erblickten wir zwei weitere Fahrräder. Ein Auto bemerkten wir in der Garage nicht.

Das Häuschen, in dem die beiden lebten, wirkte von außen sehr klein und wir waren gespannt auf das Interieur. Beim Betreten registrierten wir einen smart eingerichteten Raum.

»Das ist euer Zimmer. Wir haben unseren Wohnbereich gleich hinter der Tür am Ende des Ganges. Wenn ihr möchtet, könnt ihr euch den auch gleich ansehen.«

Wir begleiteten die beiden in ihre Wohnung. Sie war sehr überschaubar, kaum größer als das Zimmer, in welchem wir übernachten sollten, aber durchdacht. Wir konnten nichts entdecken, was in dieser Wohnung »zu viel« war. »Zu wenig« war es faszinierenderweise auch nicht. Alles, was wir brauchten, stand uns zur Verfügung. Obwohl das Leben zweier Personen auf diesen wenigen Quadratmetern eingerichtet war, sah es nicht überfüllt aus. Ganz im Gegenteil, eher sauber und ordentlich und als wäre überall noch etwas Platz. Dekoration fanden wir bis auf eine Kerze und drei Bilder ebenso nicht. Irgendwie beruhigend.

Geht man bei uns zu Hause in die Wohnung, wird man zuallererst von einem Schuhturm erschlagen, über den man sich drüberquält, um sich im nächsten Moment an Rucksäcken und Taschen die Zehen zu stoßen. Schafft man es ohne Verletzungen ins Wohnzimmer, begibt man sich spätestens dort in ein Labyrinth aus Wäscheständer, Bügeltisch und anderen nie weggeräumten Alltagsgegenständen und kommt letztendlich aufgrund einer Fitnessmatte, eines Hometrainers oder eines Staubsaugers zu Sturz. Beim Öffnen von Kästen und Schubläden wird man leicht einmal mit einem Buch im Gesicht begrüßt, bevor man sich durch den Inhalt kramen muss. Das alles ohnehin nur, um darin wieder einmal nicht das zu finden, was man ursprünglich gesucht hat.

Inès und Gérard zogen in dieses Häuschen, nachdem Gérard vor mehr als zwanzig Jahren den Kampf gegen den Krebs gewonnen hatte und sie sich in der Großstadt Lyon nicht mehr wohl fühlten. Seither hatten sie nie das Gefühl, es würde ihnen an etwas mangeln. Geld hatten sie genug. Verwenden wollten sie dieses aufgrund der Krankheit und der

Lehren, die sie daraus gezogen hatten, eher für Reisen und gemeinsame Unternehmungen. Die wichtigen Dinge im Leben fanden sie abseits alles Materiellen. Lediglich die »heilige Harley« bildete hier eine Ausnahme und war für die beiden nicht mehr wegzudenken. Mit ihr hatten sie schon viele gemeinsame Touren und Reisen gemacht.

Vor knapp zehn Jahren beschlossen sie, das Zimmer, in dem wir nächtigten, zu einer Unterkunft für Reisende umzufunktionieren, weil sie es selbst kaum verwendeten.

Christoph und ich haben nach unserer Rückkehr tatsächlich unsere Wohnung ausgemistet. So weit, dass nichts mehr aus den Schränken purzelt, wenn wir diese öffnen, haben wir es bis dato zwar noch nicht geschafft. Aber wir sind dran und rechtfertigen uns in der Zwischenzeit stets mit den Worten: »Gut Ding braucht Weile«.

VERPLANTER SPASS

*Life is what happens to you while
you're busy making other plans.*

John Lennon

*Leben ist das, was passiert, während du eifrig dabei bist,
andere Pläne zu machen.*

CHRISTOPH

Nachdem die letzten Tage durchaus intensiv gewesen waren, planten wir an diesem Tag deutlich mehr Entspannung ein. Nur sechzig Kilometer bis St. Cyprien sollten es werden. Dies hatte vor allem zwei Gründe: Einerseits wollten wir uns mit der Überfahrt nach Spanien einen Tag länger Zeit lassen, um einen weiteren Abend in Frankreich am Fuße der Pyrenäen verbringen zu können. Andererseits hatten wir alle Verpflichtungen von daheim bisher gekonnt ignoriert. Neben unzähligen E-Mails warteten also bereits alt-berufliche Skype-Telefonate darauf, abgewickelt zu werden.

Die Bedingungen zum Ausschlafen wären optimal gewesen: wunderbar simpel eingerichtetes Zimmer inklusive Klimaanlage und feinstem Bett, ruhige Lage und das Wissen, keine spezifische Check-Out-Zeit einhalten zu müssen. Einzig und allein der Kopf wollte an diesem Morgen nicht mitspielen. Trotzdem zwangen wir uns dazu, weiter im Bett zu verharren. Wann hätten wir schließlich das nächste Mal Zeit, den Schlaf nachzuholen? Doch je mehr wir uns auf diese Einsicht versteiften, desto weniger gelang es uns, Ruhe zu finden. Um 08:00 Uhr gaben wir endgültig auf.

Das erste Skype-Date war für 10:00 Uhr angesetzt. Es blieb daher gut Zeit, E-Mails zu beantworten. Aber es sollte an diesem Morgen anders kommen, denn das WIFI der Unterkunft funktionierte nicht.

Durchaus etwas gereizt, begaben wir uns auf die Straße, um zumindest ein gutes, für einen Fast-Ruhetag angebrachtes, französisches Frühstück aufzutreiben, welches wir anschließend im Bett verspeisen wollten. Allerdings hatte auch die Boulangerie ums Eck an diesem Morgen die Rollläden unten gelassen.

Hungrig gingen wir zurück zum Quartier. Dort angekommen, wartete bereits Inès vor unserem Zimmer, die ich zuvor gebeten hatte, die Internetverbindung zu checken:

»Hallo ihr zwei Weltenradler! Internet sollte in Kürze wieder funktionieren. Habt ihr in der Zwischenzeit schon gut gefrühstückt?«

»Super! Vielen Dank. Mit dem Frühstücken hat es nicht ganz so geklappt«, antwortete ich eher harsch. »Die Boulangerie ums Eck hat heute offensichtlich geschlossen.«

»Ohje ... Das habe ich ganz vergessen. Kommt zu uns auf die Terrasse. Gérard war vorhin beim Supermarkt. Wir haben mehr als genug.«

Doch für ausgiebige Pläuschchen blieb nun wahrlich keine Zeit mehr. Demnächst stand ja schon das Skype-Gespräch an.

»Danke, das ist lieb, aber wir müssen leider wirklich ein paar Telefonate führen.«

Inès stellte uns daraufhin einige Kekse ins Zimmer, um unsere Laune zu heben. Davon schob ich mir einen nach dem anderen gierig in den Mund und wartete auf das Anspringen des Internets.

Gegen 12:00 Uhr waren die größten Urgenzen jedenfalls abgearbeitet. Ein kurzes Gespräch mit Inès und Gérard ging sich noch aus. Fürs Frühstück waren wir nun aber viel zu spät dran, denn die beiden mussten ebenso weiter.

Die sechzig Kilometer traten sich an diesem Tag dafür umso feiner aus den Hüften. Fast ausschließlich an der Meeresfront fuhren wir bei wunderschönem Sonnenschein und im Vergleich zu den Vortagen bei deutlich weniger Hitze einen perfekt präparierten Radweg entlang. So hatte ich mir das Radeln entlang der Mittelmeerküste vorgestellt. Nach etwa der Hälfte des Weges, in Le Barcarès, konnte ich mein Staunen nicht mehr zurückhalten.

»Wow! Sieh dir das mal an!«, rief ich Elisabeth voller Begeisterung zu.

»Ein Wahnsinn! So feine Sandstrände in Kombination mit türkis-farbenem Meer kennt man sonst nur von Fotos aus der Karibik!«

»Da mal kurz reinspringen muss der absolute Traum sein!«

Wir überlegten eine Zeit lang hin und her, entschieden uns letzten Endes jedoch gegen den Köpfler ins Wasser. Schließlich sah unser Plan vor, ausreichend Zeit zum Plantschen in St. Cyprien zu haben. So wurde es nur ein schneller Espresso in einer Strandbar und schon ging es weiter.

Kaum losgeradelt, sahen wir allerdings nicht nur die mächtigen Pyrenäen am Horizont immer näher auf uns zukommen, sondern auch eine dicke, dunkle Wolkendecke. Um nicht erneut im strömenden Regen radeln zu müssen, erhöhten wir das Tempo und schafften es dadurch in persönlicher Bestzeit nach St. Cyprien. Kaum hatten wir die Räder im Garten der Unterkunft abgestellt, spürten wir die ersten Tropfen.

»Vite! Es fängt zu regnen an!«, rief uns Zazie, unsere Vermieterin, zu.

Die Freude, es noch ins Trockene geschafft zu haben, wich rasch einer großen Enttäuschung darüber, nicht an unserem Badeplan festhalten zu können. Endlich einmal waren wir um 16:00 Uhr angekommen, praktisch direkt am Meer stationiert und trotzdem bestand bei den Bedingungen inklusive Blitz und Donner keine Chance, ins Wasser zu gehen.

Mürrisch begaben wir uns auf unser Zimmer. Immerhin konnten wir unsere Wäsche wieder einmal waschen. Die Einladung von Zazie, mit ihnen auf eine französische Landwirtschaftsmesse mit Spezialitäten aus der Region zu fahren, schlugen wir hingegen aus, da wir abwarten wollten, ob es sich nicht nur um einen kurzen Schauer handelte.

Doch es schüttete und schüttete und nach rund zweieinhalb Stunden begruben wir unsere Badepläne endgültig. Zudem hatte es deutlich abgekühlt.

Als der Starkregen zumindest in ein Nieseln überging, zogen wir uns unsere Jacken an und spazierten hinunter zum Strand. Statt tatsächlich zu plantschen, stellten wir uns zumindest vor, wie es sein musste, mit imposantem Blick auf die Pyrenäen im Salzwasser zu schweben. Gleichzeitig erkannten wir, dass der Strand bei unserem Zwischenstopp in »Le Barcarès« deutlich hübscher war und wir dort offensichtlich den wahren Top-Spot zum Baden in der Region links liegen gelassen hatten.

Die feine französische Gastronomie hatte uns aber noch nie enttäuscht. Daher begaben wir uns einige Meter weiter nach hinten in eine windgeschützte Strandbar, welche bis auf einen Tisch allerdings menschenleer war. Dort war die Stimmung dafür umso besser. Wir ließen uns also mit nur wenig Abstand nieder, um zu lauschen, woher die gute Laune kam.

»Könnt ihr euch vorstellen, wie es da oben in den Pyrenäen jetzt wäre?«, warf einer der Tischnachbarn laut lachend in die Runde.

»Le pire cauchemar«, der größte Alptraum, entgegnete ihm ein anderer.

»Wahrhaftig besser hier unten mit Bier und Meeresspezialitäten. Die gäbe es da oben in den Bergen nicht«, brachte ein Dritter ebenso freudig ein.

Wie wir im weiteren Gesprächsverlauf erfuhren, hatte die Truppe vor, an diesem Tag ihre mehrtägige Wanderung durch die Pyrenäen zu starten. Angesichts des Wetters entschied sie sich, vorerst in St. Cyprien zu bleiben.

Elisabeth und ich warfen uns einen amüsierten Blick zu. Was waren wir an diesem Ausnahmetag mit deutlich weniger Kilometern nur für verplante Sturköpfe gewesen. Begonnen mit der Möglichkeit eines Terrassen-Frühstücks mit Inès und Gérard, über die feinste Bademöglichkeit in Le Barcarès, bis hin zur Chance, regionale französische Spezialitäten auf einer Messe direkt in der Stadt kennenzulernen, ließen wir uns gleich drei mit Sicherheit lustige Spontanaktivitäten entgehen.

Wie wir die letzten Tage zweifelsohne gelernt hatten, war es notwendig, an gewissen Plänen festzuhalten, um das Ziel, in diesem Fall Marokko, erreichen zu können. Spaß kann man aber definitiv nur schwer planen. Das wurde uns an diesem Tag mehr als deutlich vor Augen geführt.

»Komm! Jetzt bauen wir uns da drüben mal ins Gespräch ein!«, sagte ich zu Elisabeth. »Die haben bestimmt ein paar Tipps für die Pyrenäen-Überquerung von zwei fernradelnden Ösis.«

»Wirkt zwar vielleicht ein bisschen »awkward«, aber ein paar spontane Momente können uns heute sicherlich nicht schaden.«

Kaum war die, wie gewöhnlich, unbeholfene »Anmache« überwunden, erhielten wir tatsächlich einige hilfreiche Hinweise. Darüber hinaus versorgte uns die bunt zusammengewürfelte Truppe vor allem mit zahlreichen, wirklich herzhaften Lachern. Die Anekdote der viel zu verplanten Ösis gefiel den Franzosen mindestens genauso gut.

Als wir uns nach zwei Pastis verabschiedet hatten, meinten sie daher hämisch:

»Habt ihr eure Schlafenszeit leicht auch genau geplant?«

»Nein, nein, aber unser Liebesspiel«, entgegneten wir mit einem Zwinkern.

Dass wir stattdessen die nasse Radwäsche aufhängen gehen mussten, erwähnten wir natürlich mit keinem Wort. Diese Genugtuung hatten sie sich nicht verdient. Die Wäsche war in der etwas in die Jahre gekommenen Waschmaschine hingegen nur mäßig geschleudert worden und daher noch pitschnass. Es war schlicht unmöglich, dass sich dieser Zustand bis zum Morgen ändern würde.

»Nächster super Plan, den wir heute bleiben lassen hätten sollen«, murrte ich vor mich hin.

»Was soll's! Ab Mittag wird es sowieso wieder regnen. Ob die Wäsche in der Früh schon nass ist, oder erst gegen 12:00 Uhr, ist völlig egal.«

»Na wenn das so ist, sollten wir uns jetzt vielleicht wirklich noch ordentlich aufwärmen gehen«, flüsterte ich Elisabeth grinsend ins Ohr.

»Und das, obwohl wir vorab die Stellungen gar nicht geplant haben?«

MANCHMAL BESSER ANALOG STATT DIGITAL

Zu niemandem ist man ehrlicher als zum Suchfeld von Google.

Constanze Kurz

ELISABETH

»In 200 Metern an der Kreuzung rechts abbiegen.«

Wer kennt es nicht? Man muss irgendwo hin, egal ob mit dem Auto oder zu Fuß, und wenn man an seinem Ziel angekommen ist, weiß man gar nicht so recht, wie man dort hingelangt ist. Warum sollte man sich darüber generell Gedanken machen, kostet alles andere doch viel mehr Zeit und vor allem Nerven, als einfach dem Navi zu folgen.

Unsere Etappenplanung verlief täglich etwa so: Wir suchten jeweils am Vorabend eine Unterkunft für den Folgetag. Entschieden wurde hier nach dem Prinzip bester Preis und einer Entfernung zwischen 100-160 Kilometern. Solch eine Spontanität kann man sich im Regelfall nur dann leisten, wenn man nahezu rund um die Uhr Internet hat und die passenden Apps, die einen selbst bei den kleinsten Dingen unterstützen. Wir gaben, ebenso meist am Vorabend, das Ziel schlicht und einfach in eine App ein und wählten aus einigen Optionen, die für uns am passendsten wirkende Route, der wir teilweise blind folgten.

An Tag sechzehn stand die Überquerung der Pyrenäen, gefolgt vom Grenzübertritt nach Spanien, am Programm.

Wäsche: wie am Vorabend befürchtet, weiterhin nass und überriechend. Würde man eine Duftnote nach ihr benennen, wäre diese unbestritten »nasser Hund«.

Wettervorhersage: Unwetter ab circa 11:00 Uhr.

Meine Liebe zu Gewittern, besonders in den Bergen und beim Radfahren: im absoluten Minusbereich.

Schon beim Losfahren saß mir die Angst so sehr im Nacken, dass ich die ersten dreißig Kilometer bis zum Fuße der Pyrenäen nicht mehr sprach.

Offen gesagt ist das bei mir überhaupt eines der größten Phänomene: Ich kann mich teilweise in Dinge reinsteigern, als ob es kein Morgen gäbe. Selbst, wenn ich rational weiß, dass es grundlos ist. Wenn ich ehrlich bin, macht es die Tatsache, dass es keinen realistischen Anlass dafür gibt, meistens nur schlimmer. Einfach deshalb, weil sich zu meiner ohnehin schon übertriebenen Angst Unverständnis gesellt.

Jedenfalls sahen wir schon die erste, noch asphaltierte Straße, die uns 300-400 Höhenmeter bescheren würde. Zuvor suchten wir für eine kleine Pause allerdings nach einer Toilette. Da weit und breit keine auffindbar gewesen war, erschien eine Seitenstraße mit Bäumen und Büschen als geeignetste Alternative. Als Frau »Hyperdramatik« war ich aber schon fernab jeglicher Wirklichkeit unterwegs und so fürchtete ich mich selbst vor giftigen Schlangen, als ich mich dort hinhockte. Ich wage zu behaupten, sie hätten Christophs Erlösung sein können, aber da der tödliche Biss ausblieb, jammerte ich weiter gnadenlos vor mich hin.

Die Stimmung besserte sich deutlich, als die erste Bergetappe, eben auf Asphalt und mit belebten Häusern links und rechts, anstand. Höhenmeter sind für mich immer ein ganz eigener Genuss. Erstens, weil man sich hierbei total austoben kann und zweitens, weil meist eine wunderschöne Abfahrt auf einen wartet. Wir sahen das Gewitter schon herannahen, als wir oben angekommen waren und unsere App uns anhielt, nach links abzubiegen.

»AAAAAchtung, Huuuunnndd!«, brüllte Christoph plötzlich, woraufhin wir hektisch von unseren Fahrrädern sprangen und diese vor unsere

Körper stellten. Während Christoph nach dem Pfefferspray kramte, wurde der Vierbeiner immer übermütiger. Vielleicht empfand er unser Gewand als so penetrant nach Hund riechend, dass er Gefahr witterte. Vielleicht waren wir aber, wieder einmal, falsch abgebogen und in Privatbesitz eingedrungen. Wir versuchten ihn, wohlgemerkt auf Deutsch, zu beruhigen, was ihn sichtlich nur aggressiver machte. Gut, wer kann es ihm verübeln. Zwischen der deutschen und französischen Tonalität liegen halt Welten.

»Blanca, viens ici immédiatement!«, schrie plötzlich jemand.

Der Hund drehte sich zuerst um, richtete den Blick danach aber wieder auf uns.

»Elle est gentille, vous vous n'inquietez pas!«, rief der Besitzer uns zu, was so viel bedeutete wie: Sie ist eine Liebe, macht euch keine Sorgen.

»Ça ne se voit pas«, riefen wir ihm entgegen, um auszudrücken, dass wir das nicht erkennen konnten, als das Herrchen nun endlich vor uns stand und sich die Situation beruhigte.

Er hielt Blanca an ihrem Halsband und entschuldigte sich. Dann meinte er, sie möge kein Gewitter und würde dadurch immer aufgeweckter auf fremde Menschen reagieren. Ich musste fast ein wenig lachen, sparte es mir aber, einen Vergleich zwischen der Hündin und mir anzustellen.

Als wir am Ende der Gasse sahen, wie der Weg weiterging, verstummten wir. Vor uns war ein Single Trail, überhäuft mit Gewächsen, Steinen und Ästen und man sah selbst von hier schon vier verschiedene Absperrungen mit Zäunen und Schildern. Auch wenn wir schon viele Wege hinter uns gelassen hatten, die vermutlich ebenfalls nicht für Radfahrer geschaffen gewesen waren, so war dieser der mit Sicherheit speziellste und sah eher nach einer Kombination aus gefährlichem Militärgebiet und Dschungel aus. Wirklich sicher, dass uns hier nur harmlose Tiere begegnen würden, waren wir zudem nicht.

Wir blickten erneut auf unsere App, die uns partout keinen anderen Weg vorschlagen wollte. Bis zum Ausgangspunkt zurückzufahren, konnten wir uns aufgrund der herannahenden Gewitterwolken nicht leisten – ganz abgesehen von den zeitlichen Ressourcen, die wir bis zum Dunkelwerden hatten.

Daher ließen wir unsere Räder für den Moment dort liegen und gingen zurück zu dem Haus, vor dem uns Blanca zuvor begrüßt hatte, in der Hoffnung, sie würde uns ohne Drahtesel lieber mögen.

»Entschuldigen Sie nochmals«, fing ich die Konversation an. »Wissen Sie zufällig, wie man mit dem Fahrrad von hier über die Pyrenäen nach Spanien kommt? Wir haben den Weg da vorne begutachtet und glauben nicht, dass wir hier fahren dürfen beziehungsweise, dass wir überhaupt über die Absperrung kommen.«

Blancas Herrchen beruhigte uns. Er wisse, dass kein ortsunkundiger Mensch hier durchfahren würde und meinte, dass es selbst für ihn oft gruselig und technisch anspruchsvoll sei.

»Neben jeder Absperrung ist eine kleine Öffnung, durch die ihr hindurch kommt. Die Strecke ist grundsätzlich wirklich schön, vor allem, weil ihr vermutlich niemandem begegnen werdet. Ich muss euch zwar ehrlich sagen, dass der Weg für Fahrradfahrer strikt verboten ist, die Alternative hierzu ist aber unverhältnismäßig.«

Anschließend erklärte er uns Schritt für Schritt den Weg und wo wir abbiegen mussten, um ans Ziel zu kommen.

»Ich bin echt heilfroh, dass wir den netten Herrn getroffen haben – trotz bellender Attacke. Bestimmt wären wir hier sonst nicht weitergefahren, hätten den Retourweg antreten können und wären heute nicht mehr bis nach Spanien gekommen«, meinte ich, bevor wir unsere kleine Pyrenäenüberquerung starteten.

Wir versuchten, die dunklen Wolken am Himmel fürs Erste zu ignorieren und die Strecke zu genießen. Neben der Tatsache, dass uns niemand aufgehalten hatte und wir gut am Grenzübergang ankamen, war vor allem eine Info sehr richtig: Dieser Weg war verdammt schön und die Abfahrt der absolute Traum. Feinste Landschaft, keine Menschenseele, Blick über Berge, ... Ohne Zeitdruck wären wir glatt zurückgefahren, um dies erneut erleben zu können.

Wir passierten freudestrahlend die Grenze.

»Bienvenidos a España!«, rief mir Christoph entgegen, als es plötzlich wie aus Fässern zu regnen anfing.

»Jaja, willkommen im sonnigen Spanien«, stänkerte ich zurück.

Eine halbe Stunde verging und wir saßen immer noch unter dem Dach der Grenzpolizei, als der Regen endlich schwächer wurde. Das war unser Startsignal. Schnell treten stand nun am Programm, um nicht beim nächsten Wolkenbruch auf offener Straße überrascht zu werden.

Wir waren nahezu weitere sechzig Kilometer geradelt, als wir wieder nach einer Möglichkeit suchen mussten, uns unterzustellen. Während Christoph über Google Maps eine Ortschaft mit Café ausfindig machen wollte, stellte sein Handy die Arbeit ein.

 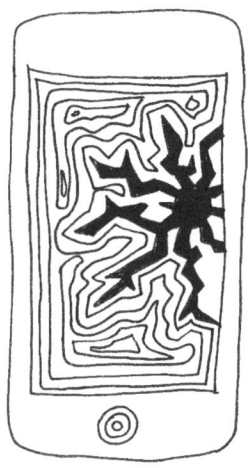

Somit wurden wir knapp zwanzig Minuten lang geduscht und unsere Körpertemperatur kühlte dermaßen ab, dass wir kaum noch unsere Finger und Hände spüren konnten und fürchterlich bibberten. Als wir schließlich einen Ort erreichten, stellten wir uns sofort beim ersten Gebäude, einem »Centro Social«, unters Dach.

»Ich spüre nichts mehr«, sagte ich zitternd zu Christoph.

»Also dass wir in Spanien komplett durchgefroren am Straßenrand stehen würden, hätte ich mir auch nicht gedacht.«

In dem Moment öffnete eine ältere Dame die Tür und sah uns fast schon erschrocken an.

»¡Entrad!«, rief sie uns zu und wenige Sekunden später tropften wir ihr schon den kompletten Eingangsbereich voll.

Sie zeigte uns ein Zimmer, in dem wir uns umziehen konnten und gab uns einen Föhn für unsere Haare. Als wir danach wieder zurück in den Eingangsbereich kamen, um uns zu bedanken, bat sie uns in den Essbereich, wo Tee, Baguette und vorzüglicher Jamón Serrano auf uns warteten. Wir trauten unseren Augen kaum.

»Es para vosotros«, sagte sie zu uns und wir begannen, völlig überfordert zu essen und zu trinken.

Das war exakt das, was wir jetzt gebraucht hatten: warme Kleidung, eine warme Stube, einen warmen Tee und etwas zu essen.

Als der Regen abermals nach einer Stunde leichter wurde, verabschiedeten wir uns dankbar und starteten erneut, glücklicherweise mit wieder fühlbaren Händen.

Dick eingepackt fuhren wir fünf Kilometer, als die Sonne erneut zum Vorschein kam und uns von unseren Jacken erlöste.

»So lässt es sich schon wieder viel besser radeln«, jauchzte ich.

Die darauffolgenden Stunden vergingen wie im Flug und wir freuten uns darüber, dass wir unserem Ziel näher und näher kamen.

Lediglich zwanzig Kilometer hatten uns von unserer Ankunft getrennt, als ich eine Veränderung an meinem Fahrrad feststellte.

»Ich komm irgendwie nicht schnell voran und das Fahren fühlt sich komisch an«, bemerkte ich, als ich erkannte, dass mein Vorderreifen Luft verlor und immer platter wurde.

Das hatte uns gerade noch gefehlt, ein Patschen, während es sukzessive finster wurde und sich erneut graue Gewitterwolken über uns zusammenbrauten. Wir versuchten, den Schlauch so schnell wie möglich zu wechseln, schafften es trotzdem nicht rasch genug und fanden uns kurz darauf im gleichen Zustand wie zuvor wieder: komplett nass, durchgefroren, übermüdet und genervt. Wieder versuchten wir auf unserem Handy, die nächste Ortschaft ausfindig zu machen, und wieder streikte es.

Wir bemühten uns, den Straßenschildern zu folgen und fragten Fußgänger nach dem Weg. Das Wasser in den Schuhen bildete die Background Musik zu unserer »Selbstmitleids-Hymne« und die Stirnlampen, die wir mittlerweile auf unseren Helmen montiert hatten, fungierten als Discokugeln. Zu diesem Zeitpunkt war es ungefähr 22:00 Uhr, unser Ziel weitere zehn Kilometer entfernt und die Stimmung absolut im Keller.

»Ich schmeiß dieses Radl gegen die Wand!«, ärgerte sich Christoph. »Kann ja einfach nicht wahr sein!«

»Life is a hiiighhway, I want to ride it all night long«, begann ich heiter zu singen, um den Moment aufzulockern.

Christoph sah mich zuerst total genervt an, stimmte aber trotzdem kurz darauf ein:

»If you're going myyyy way, well, I want to drive it all night long.«

Diese zwei Zeilen in Dauerschleife ermöglichten es uns, bei unserer Pension für diesen Abend anzukommen, wo uns die Besitzerin, die regelrecht mit uns schimpfte, da wir ihr vorab nicht gesagt hatten, dass wir erst so spät eintreffen würden, trotzdem noch in Empfang nahm.

Sie hätte sich schon Sorgen gemacht und mehrfach versucht, uns zu erreichen. Wir erzählten ihr von den Unwettern und dass unser Handy gestreikt hatte, woraufhin sie lediglich meinte:

»Estos celulares. Wenn man sie braucht, funktionieren sie nicht.«

Sie zeigte uns unser Zimmer sowie Duschmöglichkeiten und einen Wäscheständer, auf dem wir unsere Kleidung aufhängen konnten. Anschließend holte sie uns in ihr kleines Restaurant, wo sie uns ein Abendessen zubereitet hatte.

»Um diese Uhrzeit bekommt ihr im Ort leider nichts mehr zu essen und ich dachte mir, bevor euch das euer Handy sagt, sag's lieber ich euch. Mit dem Unterschied, dass ich auch kochen kann«, meinte sie grinsend, bevor wir hungrig zugriffen und uns noch länger mit ihr unterhielten.

Nach einiger Zeit mussten wir allerdings der Müdigkeit nachgeben und gingen in unser Zimmer.

»Manchmal braucht man halt mehr Glück als Verstand«, meinte Christoph. »Hätten wir nicht Blancas Herrchen und die nette Dame beim Centro Social kennengelernt, wären wir sicherlich nicht angekommen.«

»Und wäre die Besitzerin der Pension hier nicht so freundlich, wären wir gefühlt verhungert. Das hat man wohl davon, wenn man sich unvorbereitet und blind von einer App steuern lässt«, flüsterte ich Christoph zu, um im selben Atemzug einzuschlafen.

FIAT IUSTITIA ET PEREAT MUNDUS

Man is a rational animal who always loses his temper when he is called upon to act in accordance with the dictates of reason.

Oscar Wilde

Mensch: ein vernunftbegabtes Wesen, das immer dann die Ruhe verliert, wenn von ihm verlangt wird, dass es nach Vernunftgesetzen handeln soll.

CHRISTOPH

Auf Regen folgt Sonnenschein, so auch in Sant Feliu de Guíxols. Die Kleidung war zwar weiterhin nass, aber der Sonnenschein vor der Tür am Morgen danach stellte klar: Wir werden in Spanien doch nicht an Erfrierungen zu Grunde gehen.

An diesem Tag stand das nächste Highlight auf unserer Tour an: Barcelona. Der Weg dorthin erschien auf Bikemap, unserem Navigationstool, erneut nicht allzu lange. Ein kurzer Halt am Meer musste also definitiv noch sein. Der spanische Sommer hatte immerhin einiges bei uns gut zu machen.

Auch wenn die Küstenorte an der Costa Brava im Sommer nicht gerade für Einsamkeit bekannt sind, haben insbesondere die frühen Morgenstunden an den Stränden ihren ganz eigenen Reiz. Tausende Liegestühle in allen Farben perfekt aneinandergereiht an meist kilometerlangen Sandstränden, die zu dieser Zeit menschenleer sind. An der Promenade kommen einem hin und wieder ein paar Läufer, Walker oder schlendernde Pensionisten entgegen. Ein paar Stunden später ist das Bild wieder ein ganz anderes.

Umso schwieriger ist es zu dieser Stunde, dem Blick der »socorristas«, der Rettungsschwimmer, zu entkommen. Daher war das einzige Ruhe störende Geräusch an diesem Morgen das kontinuierliche Pfeifen eines besonders motivierten Bademeisters, das immer ertönte, wenn sich eines der rund zehn Frühaufsteher-Kinder nicht an die offensichtlich streng ausgelegten Regeln hielt.

»Seit wann sind denn die Spanier so pflichtbewusst?«, fragte mich Elisabeth skeptisch.

»Muss wohl der Norden sein. Da hat es im Juli schnell mal Minusgrade und die Regeln werden offensichtlich tatsächlich ernst genommen.«

Bald ließen wir das Pfeifkonzert also hinter uns, setzten uns wieder auf unsere Drahtesel und fuhren landeinwärts. Direkt an der Küste führte nämlich kein passender Weg entlang. Sowohl laut Bikemap als auch laut Google Maps musste man also einmal den Hügel hinauf und konnte dann wunderbar bis Barcelona »ausrollen«.

Endlich oben angekommen, murmelte mir Elisabeth mürrisch etwas zu. Ich nahm zunächst an, dass es um den mühseligen Start ging, bis ich beim zweiten Mal verstand:

»Jetzt geht schon wieder die Luft aus.«

Mit einem gedachten »Das kann ja nicht wahr sein« griff ich an ihren Reifen.

»Hast du mit dem Patschen gestern ein neues Lieblingsthema gefunden, in das du dich hineinsteigern kannst?«, stachelte ich sie an.

Wie gut das ankam, brauche ich nicht näher auszuführen. Um einem erneuten Auseinandernehmen des Rades zu entgehen, konnte ich sie dazu überreden, vorerst einmal nachzupumpen.

»Ein neuer Reifen verliert am Anfang immer Luft«, ergänzte ich besserwisserisch, ohne irgendeine Ahnung zu haben.

Nach nicht einmal fünf Kilometern standen wir jedoch schon wieder unter einem Baum und wechselten den Schlauch – der zweite in so kurzer Zeit. Sorgen machten sich breit. In einem Schnellcheck kontrollierten wir, ob der Reifen beschädigt war, konnten aber bis auf die abgefahrenen Profile keine Veränderung feststellen.

»Offensichtlich hatte einfach das Ventil des gestern gewechselten Schlauches etwas«, führte ich in meinem Halbwissen weiter aus.

Doch es dauerte erneut keine zehn Kilometer, bis ich den Doppeljackpot vernahm. Während Elisabeth wieder etwas von »ausgehender Luft« von sich gab, sah ich, dass die Straße vor uns unmittelbar vor der Ortschaft Can Carbonell durch ein Tor versperrt war. Kuhgatter und -tore waren wir ja aus Österreich zu Hauf gewohnt. Das Schild »peligro de muerte« verhieß allerdings wirklich nichts Gutes. »Die letzte Kuah macht's Tiarl zua« könnte hier etwas zu sprichwörtlich ausgehen.

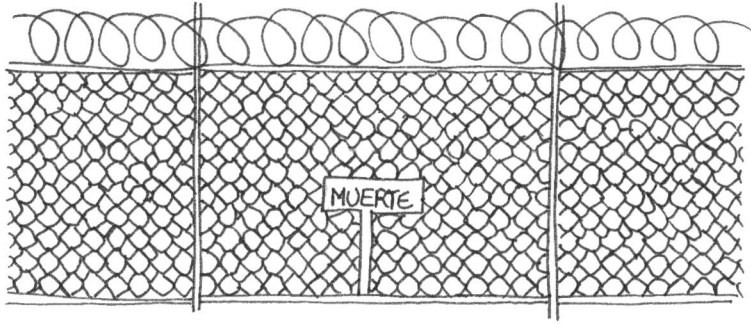

Aber eins nach dem anderen. Nach den ersten für unsere Psychohygiene wohltuenden Wutausbrüchen, ging es ans Reifenflicken. Pickzeug hatten wir keines mit. Diesen weisen Zug hatte ich schon beim Start unserer Tour mit den Worten: »Völlig überholt, genug Ersatzschläuche brauchen wir«, gesetzt. Ersatzschlauch für Elisabeths Reifengröße hatten wir allerdings auch nur mehr einen. Not macht bekanntlich erfinderisch. Daher versuchten wir unser Glück mit Leukoplast, in etwa zehn Schichten davon. Als nach fünf Minuten der unterschiedlichen Druckausübung spürbar keine Luft mehr entwichen war, setzten wir den Schlauch wieder ein. Am Profil des Reifens konnten wir nach wie vor keinen Hinweis für den rapiden »Schlauchschwund« erkennen.

Weitere weise Worte zu den Ursachen des wiederholten Auftretens eines Patschens sparte ich mir nun. Denn mit meiner Trefferquote war ich am besten Weg, mit jener der österreichischen Nationalelf beim Match gegen Spanien im März 1999 gleichzustellen. Dabei wusste ich genau, dass dieses 0:9 selbst den großen Teamchef Herbert Prohaska zum Rückzug zwang. Weitere Fehlanalysen waren also potentiell gefährlich, wenn ich die Reise an Elisabeths Seite beenden wollte.

Viel Zeit für ausführliche Evaluierungen blieb sowieso nicht. Schließlich galt es, Problem Nummer zwei zu lösen: eine Straße vor uns, die in ein Tor mit den Worten »Lebensgefahr« mündete und von einem durchgängigen Zaun umgeben war. Alternativ standen etwa fünfzig Meter weiter links die Autobahn, rechts das Einbrechen in eine geschlossene Industrieanlage oder ein dicht bewachsener Wald zur Auswahl. Die Analyse der Gesamtsituation auf Google Maps ergab, dass alle drei Optionen wenig Aussicht auf Erfolg hatten. Nun konnten wir entweder zwanzig Kilometer nach Tossa de Mar zurückradeln oder nach einer Lücke im Zaun suchen und die »Lebensgefahr« aufgrund akuter Ermüdung und »eigentlich mehr Lust, Barcelona bei Tageslicht zu erleben«, ignorieren.

Wir entschieden uns für letztere Option und fanden tatsächlich eine kleine Lücke im Zaun, durch die wir uns mitsamt unseren Rädern durchquetschen konnten. Nachdem in der vergangenen Stunde, in der wir am Reifen herumgewerkt hatten, nicht ein Mensch an uns vorbeigekommen war, musste natürlich genau in diesem Moment ein SUV hinter dem Zaun auf uns zusteuern.

»Eventuell war das doch nicht die beste Idee, Christoph«, hörte ich Elisabeth hinter mir flüstern, während sich auch in mir eine Mischung aus Verblüffung, Nervosität und vor allem Zorn breit machte.

»Freundliche Miene aufsetzen, Problematik schildern und auf viel Verständnis und Strafnachsicht hoffen«, dachte ich mir.

»Queréis morir?«, fragte uns der etwas korpulentere Fahrer in aller Kürze und erkundigte sich damit, ob wir den Freitod wählen wollten.

Da mir spontan auf Spanisch nicht einfiel, wie ich ihm erklären konnte, dass sich kein Suizidgefährdeter den Weg auf dem Fahrrad bis hierher antun würde, fing ich an, die Situation zu schildern.

»Y por eso hemos pensado que sería posible pasar por allá«, schloss ich meinen kurzen Exkurs mit dem freundlichsten aller Lächeln ab, um ihm klar zu machen, dass dies daher unsere gewählte Alternative war.

»Pues, si queréis terminar vuestro viaje en una línea de alta tensión, podéis continuar. Si no, os recomiendo la vuelta.«

Sofern es also nicht auf unserem Plan stünde, unsere Reise in einer Hochspannungsleitung zu beenden, sollten wir die Vuelta machen. Wobei er mit Vuelta wohl nicht die in Kürze bevorstehende Spanienrundfahrt, sondern eher eine Umkehr meinte.

Gesagt, getan. So waren wir schon am Weg nach Tossa de Mar. »*Fiat iustitia et pereat mundus.*« Es soll Gerechtigkeit geschehen, und gehe die Welt (oder in diesem Fall unsere Radfahrt nach Barcelona) daran zugrunde.

Das einzig wirklich Tragische an der ganzen Sache war, dass wir die Mittagszeit nun schon weit überschritten und sage und schreibe zwanzig Kilometer zurückgelegt hatten. Und das, obwohl Barcelona auf uns wartete. Zumindest wirkte das Leukoplast am Reifen wahre Wunder und so konnte es mit vollem Karacho Richtung Tossa de Mar gehen. In ähnlich flottem Tempo setzten wir unsere Fahrt entlang der legendären Costa Brava fort. Über die Hauptstraße zogen wir vorbei an Lloret de Mar, Mataró und waren schon fast in Badalona, als wir plötzlich richtig wachgerüttelt wurden.

Staubildungen vor Kreisverkehren waren wir mittlerweile gewöhnt, insbesondere am späten Nachmittag. Nun offenbarte sich uns kurz vor Badalona allerdings ein anderes Bild: Hinter einem Kreisverkehr lag ein teils ausgebranntes Fahrzeug im Straßengraben, rundherum Polizei,

Rettung und Feuerwehr. Wir versuchten, möglichst schnell vorbeizukommen, jedoch nahmen wir beide ein »demasiado rápido« von einem der Polizisten wahr. Also offensichtlich war der Fahrer zu schnell unterwegs gewesen, als er in den Kreisverkehr hinein oder aus ihm heraus wollte.

Nachdem wir zuvor über die Hochspannungsleitung und die Schlagzeilen am nächsten Tag in den Zeitungen gescherzt hatten, wurde uns nun anders.

Nachdenklich radelten wir weiter, zunächst nach Badalona, dann hinein nach Barcelona.

Las chicas buenas van al cielo y las malas a Barcelona«, las ich auf dem T-Shirt einer braungebrannten jungen Dame am Stadtrand. Die braven Mädchen würden in den Himmel kommen, die bösen nach Barcelona. Da mussten wir beide wieder lachen. Wenn es auch manchmal schlauer wäre, sich an gewisse durchaus sinnvolle Regeln zu halten, wirklich sexy wird es wohl nie werden.

Der Sonnenuntergang am Strand ging sich gerade noch aus. Faszinierend, wie viele Menschen um diese Uhrzeit hier anzutreffen waren. Teilweise nach wie vor beim Baden, großteils bereits im Übergang zur nächtlichen Fiesta.

Wir kannten Barcelona aufgrund vergangener Reisen zwar bereits gut, zumindest ein »super fast sightseeing« zu den wichtigsten Punkten der Stadt musste aber absolviert werden. Nach einem abschließenden verpflichtenden Touri-Foto vor der Sagrada Familia fuhren wir hinauf zu unserer Unterkunft in Gràcia. Erfreulicherweise durften wir unsere Fahrräder in einer Abstellkammer unterstellen. In kaum einem anderen Ort machten wir uns schließlich solche Sorgen um unsere Räder. Nach dem Ablegen der Sachen ging es gleich wieder hinaus auf die Straßen

Barcelonas, denn es gibt wohl keine zweite Stadt in Europa, in der man unabhängig vom Wochentag so fein feiern kann. Dafür hatten wir unserer Meinung nach mittlerweile genügend Gründe.

Auf unsere ersten spanischen Tapas, begleitet von einer Karaffe Sangría, folgten ein Gläschen Tinto de Verano und zur Abrundung ein Stamperl Orujo. Danach wussten wir, dass es Zeit war, ins Bett zu gehen. Immerhin sollte es am nächsten Morgen wieder zeitig losgehen und spätestens seit diesem Tag war uns klar, dass selbst im ungezügelten Barcelona gewisse Regeln einen Sinn ergeben.

BESCHEIDENHEIT IST ANSTECKEND

*A modest man is usually admired,
if people ever hear of him.*

Edgar Watson Howe

*Bescheidenheit ist eine Eigenschaft, für die der Mensch
bewundert wird, falls die Leute je von ihm hören sollten.*

ELISABETH

Guten Morgen Barcelona und guten Morgen heiß geliebter Kaffee, den Christoph uns aus einer Bäckerei neben dem Hotel geholt hatte. Geschwind packten wir unsere duftenden sieben Sachen, um früh zu starten. Kurzerhand hatten wir nämlich am Vorabend beschlossen, vor unserer Weiterreise nach Roda de Berà, unserem Lieblings-»Berg« in Barcelona, dem Tibidabo, einen Besuch abzustatten. Hierfür mussten wir allerdings mindestens zwei Stunden extra einplanen. Zwei Stunden, die wir früher aufgestanden waren, als wir es ansonsten getan hätten und das, obwohl wir ohnehin sehr spät ins Bett gekommen waren. Aber der Tibidabo hatte für uns aufgrund vergangener Reisen einfach eine ganz besondere Bedeutung und einen einzigartigen Charme.

Hurtig verließen wir also das Zimmer, um unsere Fahrräder aus der Abstellkammer zu holen, als ich – zur Abwechslung – einen platten Vorderreifen an meinem Fahrrad erblickte. So perfekt war das Leukoplast als Heilmittel also offensichtlich doch nicht. Innerlich auf 180 murmelte ich:

»Neuer Schlauch, neues Glück.«

Christoph holte unser Reparaturset aus dem Rucksack und wir begannen vor dem Hotel, den Reifenmantel abzuschälen. Mittlerweile hatten wir versucht, das Beste aus der Sache zu machen und eine Art »Challenge« integriert: Der nächste platte Reifen musste immer schneller gewechselt werden als der vorherige. Also zückten wir die Stoppuhr und legten los.

Etwas verspätet starteten wir Richtung Tibidabo, wobei es hierfür zunächst am starken Berufsverkehr Barcelonas vorbeizukommen galt. Wir schlängelten uns an den sich stauenden Autos vorbei, als wären wir süditalienische Mopedfahrer ohne Hang zum Leben. Das generelle Hupkonzert spornte uns zusätzlich an, schneller voranzuschreiten, um keinen Hörsturz davonzutragen. Die Sonne, die hier schon morgens beachtlich stark schien und auf die Windschutzscheiben knallte, ließ uns das Fahrrad nur noch mehr lieben.

Die ersten 300 von 500 Höhenmetern waren geschafft, als die Straße endete und in eine Sackgasse mündete. Von hier an konnte man sich entscheiden: entweder wieder umdrehen, bis ganz nach unten fahren und einen anderen Weg zum Gipfel wählen oder in eines der Reihenhäuser platzen, einziehen und dem Ärger bei Chips und Schokolade auf der Couch Ausdruck verleihen. Mangels monetärer Kapazitäten haben wir uns zwar gegen den Kauf eines Hauses entschieden, unsere Sturköpfe wollten allerdings genauso wenig bis zum Startpunkt retour. Deshalb marschierten wir eine steile Böschung hinauf, um uns einen besseren Überblick zu verschaffen.

»Schau! Da oben ist eine Straße!«, rief Christoph, woraufhin wir unsere Fahrräder einige Meter durch einen Wald bis zu dieser Stelle schleppten.

»Jetzt aber schnurstracks bis zum Gipfel«, meinte ich, wo wir uns mit gutem Kaffee und spanischen »Magdalenas« belohnten und die schöne Aussicht über Barcelona genossen.

Neben uns standen zwei Fahrradfahrer, die eifrig posierten und nicht den Anschein erweckten, als ob sie das Fotografieren demnächst einstellen würden. Damit zogen sie einige Blicke auf sich und verschreckten den ein oder anderen Besucher. Wir hingegen fühlten uns mit unserem Gepäck auf dem Fahrrad nicht besonders agil und vom »Fahrrad-in-die-

Höhe-Heben« hatten wir von vorhin noch genug. Deshalb beließen wir es bei einem Foto von unseren Drahteseln, die bestimmt besser aussahen, als wir in diesem Moment.

Inmitten unseres Gespräches darüber, wie wir nun am besten weiterfahren sollten, erblickten wir einen sportlich aussehenden Mann Mitte vierzig. Wir sahen ihm voller Bewunderung dabei zu, wie er die letzten Meter nach oben fuhr und bei seiner Ankunft keine einzige Schweißperle im Gesicht hatte. Er stellte sein Fahrrad gegen einen Zaun und streckte sich, bevor er in unsere Richtung zusteuerte. Wir dachten, er würde uns fragen, weshalb wir ihn seit Minuten beobachtet hatten, worauf wir keine adäquate Antwort parat gehabt hätten.

»Christoph, sag ihm einfach, wir hätten aus Müdigkeit ins Narrenkastl geschaut, oder dass wir sein Fahrrad so cool fanden«, versuchte ich eine passende Ausrede für uns zu finden.

»Hast du Angst, dass ich ansonsten etwas Peinliches sage?«

»Vergiss es! Ich tu einfach so, als würde ich dich nicht kennen.«

»Hola chicos! Wo soll die Reise hingehen?«, fragte uns der Herr zu unserer Verwunderung total interessiert.

»Wenn alles gut geht, bis nach Marokko.«

»Morocco? Hostia!«, erwiderte er, was wörtlich übersetzt zwar »Hostie« bedeutet, umgangssprachlich aber eher als »Oh du meine Güte« übersetzt werden würde.

Er teilte uns mehrfach seine Bewunderung mit, wobei wir uns sicher waren, dass er für dieselbe Etappe nur die Hälfte der Zeit brauchen würde – natürlich ohne Schweißperle. Gerade deshalb war es so schön, lobende Worte von ihm zu empfangen.

Wir fragten ihn über sein Leben aus und starteten mit einer schmeichelnden Frage, die retrospektiv betrachtet wohl etwas merkwürdig geklungen hat:

»So wie du aussiehst, ist Fahrradfahren bestimmt dein Beruf, oder?«

»Eigentlich organisiere ich in Barcelona Sport- und Charity-Projekte, aber das ist jetzt weniger spannend. Viel faszinierender finde ich, was ihr da vorhabt. Wie sieht denn eure Strecke aus und wie seid ihr überhaupt auf diese Idee gekommen?«

Beinahe wäre er mitgefahren, hätte er nicht Verpflichtungen gehabt, denen er nachgehen musste. Er gab uns jedenfalls seine Nummer, um bei unserer nächsten Reise nach Barcelona gemeinsam die Umgebung per Fahrrad erkunden zu können. Mit den Worten »Schreibt mir, wenn ihr dort drüben angekommen seid« verabschiedete er sich von uns und düste wieder bergab.

Auch wir wählten ein Tempo, das vom Radar normalerweise geblitzt werden würde und fuhren Richtung Stadtausfahrt.

Wie es in Großstädten meistens der Fall ist, sind sowohl die Orts-ein-, als auch Ausfahrten, geprägt von mehrspurigen Autostraßen, die man selbst als Radfahrer nur schwer umgehen kann. Barcelona hat hier dennoch einen besonders prägenden Eindruck hinterlassen, da wir auf einem von Scherben überhäuften Pannenstreifen einer dreispurigen Autostraße fuhren, als plötzlich von rechts drei weitere Fahrstreifen hinzukamen und in eine sechsspurige Straße mündeten. Wir befanden uns mit unseren zwei Fahrrädern zwischen jeweils drei Spuren pro Seite und konzentrierten uns darauf, zu überleben. Hinter uns wurden die Autos glücklicherweise langsamer und gaben uns somit die Möglichkeit, nach rechts zu fahren, um unsere Fahrt auf dem halbwegs sicheren Pannenstreifen fortzusetzen. Ich muss sagen, nicht unbedingt, was ich in Spanien erwartet hatte. Natürlich aber eine äußerst positive Überraschung.

Die Massen an Autos nahmen leider auch an der Küstenstraße kein Ende. Hier allerdings mit dem feinen Unterschied, dass diese einspurig war und im Sekundentakt Autos auch auf der Gegenfahrbahn vorbeischnellten. Für Fahrzeuge hinter uns war es somit beinahe unmöglich, uns zu überholen. Uns war es wiederum nicht mehr möglich, noch schneller in die Pedale zu treten. Alle zwei bis drei Kilometer blieben wir deshalb bei einer kleinen Verkehrsbucht stehen und ließen unzählige angestaute Autos vorbeifahren. Dieses Spiel spielten wir relativ lange, bis wir schließlich in einem verkehrsberuhigten Ort ankamen.

Da unser Tagesziel lediglich weitere zwanzig Kilometer entfernt war und somit wieder einmal die Zielgerade anstand, suchten wir nach einer Waschmöglichkeit.

Die Wäscherei, die wir betraten, war verhältnismäßig gut besucht. Bisher hatten wir in Waschsalons nie eine Menschenseele angetroffen. Hier waren wir insgesamt sogar zu siebt. Grundsätzlich kein Problem, aber ich darf an dieser Stelle kurz an den Duft unserer Wäsche aufgrund von Regen, alter Waschmaschine, etc. erinnern. Dementsprechend unangenehm war es also, die nassen, stark riechenden Kleidungsstücke neben wartenden Menschen aus den Taschen zu holen, um sie anschließend in die Maschine zu stecken. Wir versuchten, die Blicke zu ignorieren, schalteten das gute Stück ein und verließen sofort den Salon, um einen Kaffee zu trinken.

Nach der Wäsche-Abholung fuhren wir bis zu unserer Unterkunft für den Abend: ein Mini-Bungalow, fünf Quadratmeter groß und auf einem Campingplatz gelegen.

Dort angekommen fingen wir an, unsere Kleidung aufzuhängen und merkten dabei schnell, dass unsere Wäscheleine nicht ausreichte. Deshalb fragten wir unsere »Nachbarn«, ob es in Ordnung wäre, ihre bis zum nächsten Tag in Beschlag zu nehmen. Für Adriano, der mit seiner Frau und seinen beiden Söhnen für eine Woche in zwei Bungalows urlaubte, war dies kein Problem. Er erzählte uns, dass er aus relativ armen Verhältnissen käme und ein einmaliger Urlaub im Bungalow für ihn in seiner Kindheit das Allergrößte gewesen sei. Nachdem er studiert und einen guten Job gefunden hatte, standen Geldsorgen nicht mehr am Tagesprogramm. Teure Urlaube und ein einigermaßen extravaganter Lebensstil hatten sich in das Leben der Familie eingeschlichen und er wollte seinen Kindern beibringen, was es heißt, bodenständig und bescheiden zu sein.

»Wenn ich ehrlich bin, habe ich das manchmal selbst vergessen und ich möchte nicht, dass meine Kinder mit der Lebenseinstellung aufwachsen, sie könnten immer und überall alles bekommen. Natürlich muss ich sagen, dass ich mich genauso wieder an den Unterschied zwischen einem Fünfsternehotel und Fünf-Quadratmeter Bungalow gewöhnen muss, aber es ist mir wichtig, dass ich meine Wurzeln nicht vergesse. Und meine Kinder mutieren sukzessive zu immer größeren Egomanen. Ich glaube, dass man, selbst wenn man nicht in armen Vehältnissen aufgewachsen ist, Bescheidenheit lernen kann, auch wenn das ein harter Kampf ist.«

Dann ging er »mal wieder nach den Jungs schauen« und wir schlenderten zu unserem Bungalow zurück.

»Glaubst du, man kann Bescheidenheit wirklich lernen, wenn man alles hat und daher keine Notwendigkeit dafür sieht?«, fragte ich Christoph, während wir versuchten, das Laken über die Matratze zu stülpen.

»Ich weiß nicht so recht ... Ein löblicher Ansatz ist es auf alle Fälle.«

»Besonders spannend fand ich, als er meinte, dass es für ihn mittlerweile oft nicht mehr einfach sei, bodenständig zu bleiben. Das bewegt schon dazu, auch selbst wieder die einfachen Dinge zu schätzen.«

»Stimmt. Vielleicht ist Bescheidenheit ja wirklich ansteckend.«

»Das heißt, unser Abendessen fällt ebenso aufgrund von Bescheidenheit aus, und nicht, weil wir vergessen haben, eines zu besorgen, richtig?«

STURHEIT UND VERNUNFT

*Man kann auf seinem Standpunkt stehen,
aber man sollte nicht darauf sitzen.*

Erich Kästner

CHRISTOPH

Wie sehr man Bescheidenheit während eines Camping-Urlaubs in Spanien lernen konnte, wurde uns spätestens im Laufe der Nacht bewusst, als wir bei vierzig Grad im fünf Quadratmeter großen Bungalow abwechselnd dem Gelächter der spanischen Trinkrunde zwei Häuser weiter und dem Gelsenschwarm in unserem eigenen Bungalow lauschen durften. Immerhin war die Feier der Spanier gegen 03:00 Uhr zu Ende. Der Blutrausch der Gelsen hielt hingegen länger an. In einem stetigen Kampf mit dem Ablauf »Licht an, Gelse erschlagen, Licht aus, hinlegen, eine Minute Ruhe, Surren im Ohr, so fest aufs Ohr schlagen, dass auf das Gelsensummen ein regelrechter Tinnitus folgte und zurück zu Licht an« verbrachten wir unsere Zeit bis in die frühen Morgenstunden. Aber hatte man ohne eine solche Nacht überhaupt einen wahren Sommer erlebt?

Beides brachte darüber hinaus Vorteile mit sich: Einerseits war es eine wahre Freude, das Bett früh zu verlassen. Andererseits stand uns der Campingplatz samt Sanitäranlagen völlig alleine zur Verfügung.

Im Sinne eines schnelleren Vorankommens Richtung Marokko war an diesem Tag eine »Monstertour« geplant. 160 Kilometer auf teils ungewissem Untergrund und bei unbekannten Verkehrsbedingungen sollten uns bis nach Peñiscola führen. Motivation dafür war in der Früh zwar nur bedingt vorhanden. Gleichzeitig waren wir viel zu stur, uns dieses Manko einzugestehen.

Zunächst ging es entlang von Schnellstraßen bestens dahin. Auf einen kurzen Zwischenstopp beim Kolosseum in Tarragona folgte ein weiterer bei der Cala dels Vienesos in Miami Platja, wobei uns hierhin vor allem der Name lockte. Es klang schließlich schon sehr nach Wiener Gänsehäufel mitten in Miami.

Vor dem Beginn des Ebro-Deltas legten wir einen letzten Hitze-Stopp ein. Aufgrund der Temperaturen begaben wir uns mittlerweile mit unseren Radhosen ins Wasser. Bikini und Badehose anzuziehen, war unnötig mühselig, denn zum Runterwaschen des Salzwassers standen an praktisch jedem Strand Süßwasserduschen zur Verfügung. Außerdem war eine nasse Radhose bei spanischen Höchsttemperaturen eine willkommene Abkühlung. Spätestens nach zehn Minuten war sie ohnehin wieder trocken.

Als wir uns gerade wieder auf die Räder schwingen wollten, sprach uns von der Seite ein älterer Herr in freundlichem Ton an. Zunächst dachte ich, mein Spanisch sei nun völlig eingerostet, als mir klar wurde, dass hier noch immer Katalanisch gesprochen wurde.

Ebenso sehr freundlich fragte ich den Herrn, ob er seine Frage auf Spanisch wiederholen könne. Das kam sichtlich nicht so gut an. Er wolle nur wissen, wohin wir mit all dem Gepäck fahren würden, aber es sei nicht so wichtig, sagte er mit spürbar mieserer Laune und ging davon.

»Solche Sturköpfe, diese Katalanen!«, kotzte ich mich bei Elisabeth aus.

»Mir ist das auch nicht erklärlich. Die ganze Thematik ist wohl einfach viel komplexer und tiefgreifender.«

Grundsätzlich sah ich mich immer als Chef-Diplomat in unserer Beziehung. Aber hier hatte Elisabeth definitiv besser analysiert, denn in der Tat war die Anspannung zwischen Spanien und Katalonien zu diesem Zeitpunkt an einem Höhepunkt angelangt. Der Prozess am obersten spanischen Gericht gegen die katalanischen Unabhängigkeitspolitiker war gerade zu Ende gegangen. Ganz Katalonien wartete mit Spannung auf die Urteile. Neue Massenproteste waren vorprogrammiert. Es war mir trotzdem unerklärlich, wie man so wenig Vernunft besitzen konnte, selbst gut gesinnte Touristen die miese Nationallaune spüren zu lassen.

Wir schüttelten den Ärger ab und waren von dem Moment an, ab dem wir wieder auf unseren Rädern saßen, voll auf unser Tagesziel fokussiert. Die ersten zehn Kilometer durch das Ebro-Delta liefen wie am Schnürchen. Da die Wirkung des Erfrischungsbades rasch nachließ und mir die Hitze wieder zu Kopf stieg, öffnete ich mein Radshirt bis zum Nabel. Die Profis der Tour de France machten dies ja auch immer so. Was sollte also falsch daran sein? Es dauerte jedoch keine weiteren zehn Kilometer, da legte ich schon eine Vollbremsung hin und schrie wie am Spieß:

»Diese elendigen Sch... Viecher!!«

Elisabeth, die einen Aufprall gerade noch verhindern konnte und nicht die geringste Ahnung hatte, welcher Teufel jetzt schon wieder in mich gefahren war, holte mit einfühlsamer Stimme dazu aus, mich zu fragen, was denn passiert sei. Da sah sie es schon selbst.

Ich öffnete das Radshirt und da steckte sie: Eine Wespe, die bei ihrem Akt der Verteidigung so fest in meine Haut hineingestochen hatte, dass sie nicht mehr wegfliegen konnte. Mit einem Fingerschnippen befreite ich mich von dem Tier und versuchte, wieder zur Ruhe zu finden.

Grundsätzlich war ein Wespenstich nicht das große Drama. Allerdings wurde bei mir vor einigen Jahren eine Allergie auf diverse Stechtiere festgestellt. Da sie zu dem Zeitpunkt nicht allzu ausgeprägt war, setzte sich mein Sturkopf durch und ich ignorierte die Sache gekonnt. Jedes Mal, wenn mich eine Wespe stach, wurden die Schmerzen und Auswirkungen am ganzen Körper jedoch intensiver. Das war mir zwar bewusst, wahrhaben wollte ich es trotzdem nicht. Also sagte ich:

»Halb so tragisch. Nur nicht zu viel Aufmerksamkeit schenken, dann wird es schon vergehen.«

»Das ist Schwachsinn«, entgegnete Elisabeth, die mein Unbehagen mit Wespenstichen bisher nur aus Erzählungen kannte, von Erfahrungen mit ihrem Bruder inklusive Atemnot allerdings schon vorgeprägt war. »Schmier' dir zumindest die Salbe hier drauf und dann schauen wir, dass wir rasch zu einer Apotheke kommen.«

Das mit dem »Nur nicht zu viel Aufmerksamkeit schenken« gelang nur mäßig. Um ehrlich zu sein, achtete ich bereits nach einigen Metern auf nichts anderes, als die Reaktionen meines Körpers. Elisabeth wollte ich davon natürlich nichts wissen lassen:

»Praktisch schon wieder weg, der Schmerz!«

St. Carles de la Ràpita konnte ich noch durchqueren. Als ich aber am Ende der Ortschaft eine ewig lang erscheinende, menschenleere Landstraße sah, beschloss ich, bei einem klimatisierten Supermarkt zu halten.

Mittlerweile war nicht nur die Einstichstelle angeschwollen, sondern es juckte mich am ganzen Körper bis hinter die Ohren, mir war fürchterlich übel und das Atmen fiel mir schwer.

»Vielleicht bleiben wir kurz auf ein Getränk stehen«, meinte ich so cool wie möglich.

Elisabeth erkannte aber sofort, dass es mir elendig ging. So begleitete sie mich hinein, setzte mich auf eine Bank in der Nähe der Kassa und huschte schnell in den Supermarkt, um mir Stärkendes zu holen. Vollgepackt mit allen Sorten von Stimmungsaufhellern war sie in Sekundenschnelle zurück. Mir war jedoch nach überhaupt nichts, außer der Toilette.

Aus »kurz auf ein Getränk« wurden rund eineinhalb Stunden. Elisabeth hatte mittlerweile sämtliche Infos zu Spitälern und Ärzten sowie verfügbaren Unterkünften in der Gegend beisammen. Ich wollte allerdings weiterhin nichts davon wissen. Vom Indianer, der keinen Schmerz kennt, bis hin zur Verpflichtung, an Tageszielen festzuhalten, wenn wir rechtzeitig in Marokko ankommen wollten, und dem Hotel, das wir nicht mehr stornieren konnten, verschonte ich sie auch diesmal nicht mit Weisheiten.

Und so gelang es mir, sie dazu zu überreden, eine Weiterfahrt zumindest zu versuchen. Doch kaum hatten wir die Schlösser von unseren

Rädern entfernt, musste ich mich schon wieder auf den Boden legen. Ähnlich wie in München hatte es auch diesmal nicht lange gedauert, bis die erste Person an unserer Seite aufgetaucht war. Eine Dame erkundigte sich, ob sie uns irgendwie helfen könne. Ich versuchte zu sagen, dass ich nur eine kurze Pause einlegen wollte, doch Elisabeth ließ meine Deckung endgültig auffliegen und erklärte ihr, dass ich einfach zu stur sei mir einzugestehen, dass ich nach einer allergischen Reaktion nicht mehr weiterfahren könne.

»Pero Díos mío«, warf mir die Dame entsetzt entgegen. »No te gusta aquí en Sant Carles de la Ràpita, no te quieres quedar?«

Trick siebzehn, um mich zur Vernunft zu bringen. Dass es mir in ihrer Ortschaft nicht gefiel, traute ich mich nicht zu sagen. Außerdem hatte sie gleich eine Lösung parat, um kein zweites Hotel für diese Nacht bezahlen zu müssen. Ihr Sohn sei gerade auf Reisen. Insofern würden wir in seinem Zimmer übernachten können.

Da gingen mir die Argumente tatsächlich aus und ich gestand mir ein, dass das Einzige, wonach ich mich an diesem Tag sehnte, Ruhe war.

Nachdem Maria ihre Einkäufe absolviert hatte, begaben wir uns also zu dritt zu ihr nach Hause. Elisabeth bestand darauf, für die unglaubliche »mi casa es tu casa« Gastfreundschaft sowie das rasche Vorantreiben meines Heilungsprozesses ein österreichisches Abendessen für uns zuzubereiten.

Dabei brachte Maria eine Geschichte ein, die mir insbesondere an diesem Tag nahe ging: Ihr Cousin war früher ein passionierter Läufer. Egal, wie das Wetter war, wollte er jeden Tag draußen sporteln. Als er einmal während eines Gewitters im Ebro-Delta laufen ging, erwischte ihn ein Blitz. Seither war seine Gesundheit schwer beeinträchtigt und er konnte nie wieder laufen. Deutlicher konnte man es mir wirklich nicht mehr näherbringen.

Oft braucht es scheinbar Dritte, die einen zur Vernunft bringen. Generell würde es mir aber sicherlich nicht schaden, immer wieder zu versuchen, selbst Abstand von meiner eigenen Sturheit zu gewinnen.

»WOFÜR GENAU MACHT MAN SO ETWAS?«

Im Gegensatz zum Tier sagt dem Menschen kein Instinkt, was er muss. Und im Gegensatz zum Menschen in früheren Zeiten sagt ihm keine Tradition mehr, was er soll. Und nun scheint er nicht mehr recht zu wissen, was er eigentlich will.

Viktor Frankl

ELISABETH

2350 Kilometer weit waren wir nun schon gekommen. Zwei Drittel der Strecke hätten wir am Ende des Tages also geschafft – irgendwie verrückt.

Ehrlich gesprochen zog sich jeder Tag enorm in die Länge und während des Tretens konnten wir uns gar nicht vorstellen, jemals in Marokko anzukommen. Zu diesem Zeitpunkt fühlte es sich allerdings an, als wären wir gerade erst losgefahren. Und plötzlich waren wir im letzten Drittel angelangt!

Das bedeutete freilich immer noch: 1300 Kilometer more to go. Auch nicht gerade eine gemütliche Sonntagsausfahrt, aber trotzdem näherten wir uns mit großen Schritten der Überfahrt nach Marokko.

Christoph ging es glücklicherweise schon viel besser und wir konnten planmäßig fortsetzen, wenn auch vorsichtiger in Bezug auf seine Allergie.

Bevor wir allerdings losfuhren, nahm ich mein Handy zur Hand und überflog meine Nachrichten. Dabei freute ich mich sehr über motivierende Worte und scherzhafte Meldungen von Freunden. Gleichzeitig erblickte ich eine Nachricht auf Instagram, die mich ärgerte.

Seit Christoph und ich diese Reise gestartet hatten, erhielten wir einige Mitteilungen von fremden Personen. Meistens beinhalteten sie nette Zeilen oder schlicht Interesse an der Strecke. Hin und wieder wurde uns unterstellt, wir würden nicht alles selbst fahren, sondern bestimmt mit dem Zug unterwegs sein. Wir freuten uns immer über die positiven Nachrichten und schmunzelten über all jene, die Vorwürfe beinhalteten. Zum einen, weil wir nachvollziehbar nachweisen hätten können, dass jeder einzelne Meter von uns mit dem Fahrrad gefahren wurde und zum anderen, weil wir das ganze Projekt ja für uns und nicht für andere machten.

Trotzdem hat mich diese Nachricht sehr wütend gemacht:

»Wofür genau macht man so etwas? Ist doch sinnlos. Könnt ihr nicht wie jeder andere normale Mensch einfach arbeiten und euch Erfüllung in eurem Privatleben suchen? Eure Reise zahlt sicher der Steuerzahler.«

Bum. Vier Sätze, die ich gegenüber Christoph als unendlich dumm und beschränkt bezeichnet hatte. In meinem Zorn begann ich, zu antworten:

»Mister Superschlau, Nummer eins, die Kosten gehen zu 100% auf unser Erspartes, wir haben in unserem Leben sicherlich schon mehr gearbeitet als du mit deinen heißen achtzehn Jahren ...«

Dann begann ich aber, diese Textzeilen zu löschen und ließ die Nachricht unbeantwortet. Wieso regte ich mich so über eine dämliche Provokation von einem wildfremden Menschen auf, der sichtlich todunglücklich mit seinem eigenen Leben war?

Man kann sich vorstellen, dass zwischen Hitze, Schmerzen, wilden Tieren und vielen anderen Herausforderungen, denen wir uns täglich stellten, oft die Sinnfrage auftauchte.

»Wofür genau macht man so etwas?«

Vermutlich war es diese spezifische Frage, die mich besonders verärgerte, zumal sie mich ja auch selbst intensiv beschäftigt hatte. Wir wollten niemandem etwas beweisen, maximal uns selbst. Außerdem hatten wir diese Reise nicht angetreten, um einen neuen Weltrekord aufzustellen, sondern um täglich ambitioniert von A nach B zu radeln und währenddessen Menschen und ihre Geschichten zu entdecken. Wir wollten einerseits verschiedene Personen kennenlernen und andererseits uns selbst ein wenig besser verstehen. Einfach an unsere Grenzen gehen und zwar immer und immer wieder, ohne dabei aufzugeben. Herausfinden, was uns voll und ganz begeistert und am Ende des Tages niederschreiben, was wir erlebt hatten.

Irgendwie war klar, weshalb mich die Frage des netten Instagram-Users in diesem Moment so verletzt hatte und der Zusammenhang mit meiner Angst um Christoph am Vortag war unbestritten. Wie sinnvoll war es denn wirklich, wenn am Ende etwas passierte? Setzten wir uns doch täglich vielen Gefahren aus …

Ich schob diese »Sinnfrage« für den Moment beiseite. Immerhin standen einige Kilometer am Programm und die Sonne rief verlockend nach draußen.

Wir radelten los und die ersten 35 Kilometer vergingen wie im Flug. Schon waren wir vor dem Hostel in Peñíscola, in welchem wir ursprünglich am Vortag übernachten wollten.

Peñíscola kannten wir gut, nachdem wir im Sommer zuvor die spanische Küste mit dem Auto abgefahren waren und hier übernachtet hatten. Der Strand brachte schöne Erinnerungen zurück und wir beschlossen, einen Badestopp mit der spanischen Süßspeise »Churros« einzulegen. Immerhin hatten wir nur knapp 115 Kilometer eingeplant, sodass ein paar Pausen gut möglich waren.

Wie schon so oft vergaßen wir aber wieder einmal komplett die Zeit und bemerkten kurz nach 13:00 Uhr, dass wir noch achtzig Kilometer vor uns hatten und vor allem einige Höhenmeter am Programm standen.

Ich spare mir an dieser Stelle detailreiche Ausführungen zum weiteren Verlauf der Strecke. In aller Kürze zusammengefasst, bestand die restliche Fahrt aus schwer befahrbaren Sandstraßen in Kombination mit regelmäßig notwendigen Durchquerungen von geschätzt neunzig Zentimeter hohe Tunneln, durch die wir uns gemeinsam mit einigen anderen Kleintieren und unseren Rädern hindurchquälten. Dicht gefolgt von einer Autostraße, die zwar für Fahrradfahrer grundsätzlich verboten war, auf die wir mangels Alternative trotzdem ausweichen mussten. Auf dieser waren nicht nur viele rasende und hupende Autos unterwegs, sondern auch einige tote Katzen und sogar ein totes Wildschwein gelegen.

Wenn man achtzig Kilometer mit einem durchschnittlichen Tempo auf einer geraden Straße »dahinrollen« kann, ist man bald da. Wenn man achtzig Kilometer reinstes Chaos vor sich hat, ist es plötzlich wieder dunkel, wenn man im Hotel ankommt.

Während der letzten Pedaltritte stellten wir uns daher sekündlich die Frage, warum uns das Projekt so wichtig war und fragten uns zumindest ehrlich, ob die Nachricht von diesem Morgen nicht doch ihre Berechtigung hatte.

Dementsprechend geknickt standen wir vor der Rezeptionistin. Wir wollten nur den Zimmerschlüssel und uns vergraben. Sie bat uns, einen Zettel mit unserem Namen und unserer Adresse auszufüllen, während sie die Zimmerreservierung überprüfte und einen Schlüssel zur Hand nahm. Wir retournierten den Zettel, als sie sagte:

»Ihr seid aus Österreich? Was verschlägt euch mit dem Fahrrad hierher?«

»Wir sind auf dem Weg nach Rabat, Marokko, und seit zwanzig Tagen unterwegs.«

»Wahnsinn! Wie seid ihr auf diese Idee gekommen?«

»Lange Geschichte. Ein Hauptgrund, diese Reise anzutreten, war allerdings, dass wir möglichst viele Menschen und ihre Geschichten kennenlernen wollten und ich muss sagen, wir haben seit unserem Start schon einige beeindruckende Erzählungen gehört.«

Sie schlug die Hände über dem Kopf zusammen und teilte dies gleich all ihren Kollegen mit. Plötzlich waren dutzende Blicke auf uns gerichtet und wir waren sichtlich überfordert. Doch das rege Interesse an unserem Vorhaben war in diesem Moment Balsam für die Seele.

Ein Gast, der aus den USA kam, begann beinahe, eine Lobeshymne auf uns zu singen. Dabei forderte er seinen Sohn, der gerade am Handy spielte, regelrecht dazu auf, so einem Vorhaben selbst einmal nachzueifern, anstatt an seinem Smartphone zu kleben.

Ein anderer Gast fragte uns, ob wir kurz Zeit hätten, um bei einem Kaffee mit ihm über die Route zu plaudern, weil er selbst so gerne die spanische Küste mit dem Fahrrad entlangfahren würde.

Wiederum ein anderer interessierte sich dafür, welche Geschichten wir schon aufgeschnappt hätten und wer die eindrücklichste Person gewesen wäre.

Es waren fantastische Gespräche und vor allem waren sie die Rettung aus unserem Tief.

Die Gründe für unsere Tour waren uns von diesem Moment an wieder präsent: um Menschen kennenzulernen, etwas von ihnen mitzunehmen, Neues zu entdecken und um diese Geschichten auch zu teilen. Ganz zu schweigen von der Tatsache, dass es das absolut größte Freiheitsgefühl für uns war, sich täglich aus eigener Kraft in eine Richtung fortzubewegen und woanders anzukommen.

Und ganz ehrlich gesagt: Vielleicht brauchten wir in diesem Moment tatsächlich Lob von außen, um uns wieder daran zu erinnern, warum wir es eigentlich machten.

EINFACH DEN TAG GENIESSEN

È meglio fare e pentere che starsi e pentersi.

Giovanni Boccaccio

*Es ist besser zu genießen und zu bereuen, als zu bereuen,
dass man nicht genossen hat.*

CHRISTOPH

Als wir uns am nächsten Morgen die Treppen hinunter in die Lobby begaben, trafen wir zu unserer Freude wieder auf den Amerikaner vom Vorabend. Bereits aus der Distanz winkten wir einander zu. Man kann an den USA vieles kritisieren, aber es gibt wohl keine zweite Kultur, in der man sich Erfolg gegenseitig dermaßen gönnt. So hatte er sogar frühmorgens schon bestärkende Worte für uns parat:

»You crazy bastards! Already on your feet again to cycle the world?«

»First coffee, then cycling«, stellte Elisabeth mit einem Grinsen im Gesicht klar.

»True that. I am just sitting in front of my third cup. No day should start without a good sip of coffee. Especially here in Europe.«

»At least in the south of Europe«, ergänzte ich, um das Lob für herrlichen Kaffee tatsächlich jenen zukommen zu lassen, die es verdienten.

»Compared to American coffee, I am sure all European coffee is just delicious. But good to see that despite all the struggles, you still find the time to enjoy the good things in life.«

Auch dieser Satz war zweifelsohne mehr als positiv formuliert. Dennoch löste er in mir ein beklemmendes Gefühl aus, da ich den Eindruck hatte, wir würden Lob für etwas bekommen, das uns nicht zustand. Zunächst behielt ich es für mich, aber als ich mit Elisabeth zurück im Zimmer war, musste ich es ansprechen:

»Findest du, dass wir aktuell die schönen Dinge im Leben ausreichend genießen? Oder geht es uns nur noch um ein möglichst rasches Ankommen am Ziel?«

»Du spielst auf die Aussage unseres amerikanischen Freundes an, oder?«, fragte Elisabeth lächelnd. »Ich habe mir genau dasselbe gedacht, als er das gesagt hatte.«

Angesichts der täglichen Überraschungen von platten Reifen, über völlig unterschätzte Distanzen und Fahrtzeiten, bis hin zu Gelsen- und Wespenstichen hatte sich unsere Psyche mittlerweile auf »einfach durchhalten« umgestellt. Dass dieser durchaus menschliche Mechanismus komplett an unserer ursprünglichen Zielsetzung vorbeiführte, wurde uns erst durch die Worte unseres amerikanischen Hotelgenossens bewusst. So dankbar ich ihm für seinen Zuspruch am Vortag war, diese Art des Wachrüttelns war für mich nochmals wesentlich wertvoller.

Elisabeth und ich schworen uns also an diesem Tag, so gut es ging, unsere Denkmuster umzustellen: von »einfach durchhalten« auf ein bewusstes Genießen der einzigartigen Momente, die wir tagein, tagaus erleben durften. Selbst, wenn klarerweise nicht jede einzelne Minute nur »enjoyable« war, hatten wir trotzdem immerfort die Möglichkeit, unheimlich tolle Eindrücke zu sammeln.

Einstein sagte einmal: »*Es gibt zwei Arten, sein Leben zu leben: Entweder so, als wäre nichts ein Wunder, oder so, als wäre alles eines.*« Es lag daher an uns, die »Wunder«, von denen wir umgeben waren, wahrzunehmen. Selbst, wenn also der Reifen auf einer Distanz von fünfzehn Kilometern drei Mal geplatzt war, bedeutete das nicht, dass man den köstlichen Serrano-Schinken beim nächsten Halt runterschlingen und die Menschen rund um sich ignorieren musste.

So beschlossen wir nach dreißig Kilometern des angenehmen Dahinradelns, am Strand von Xilxes eine ausgedehnte Pause einzulegen, um wieder aktiver das Gespräch mit den Menschen um uns zu suchen. Nicht zuletzt deswegen waren wir ja von zu Hause aufgebrochen.

Man hätte es uns kaum leichter machen können, denn bereits am Eingang des Strandcafés erwarteten uns auf einem Schild die Worte: »Feliz día internacional de la cerveza.« Eine solche Gelegenheit ließ sich in Spanien keiner so schnell entgehen und somit war nahezu jeder Badegast bestens mit Bierflaschen versorgt. Warum sich also nicht selbst ein kleines Mittagsbier gönnen und in die Feier einstimmen? Bis zu unserer Unterkunft in Valencia waren es ja nur noch fünfzig Kilometer.

Zwei Minuten später wussten wir auch, warum die Tische so gut mit Bierflaschen bestückt waren, denn als wir zwei kleine Biere bestellt hatten, standen wir plötzlich mit vieren in der Hand da. Am Internationalen Tag des Bieres erhielt man nämlich bei der Bestellung eines Bieres in dieser Bar stets zwei. Und so grölten wir mit dem uns sofort integrierenden Nebentisch mit: »Despacito, quiero respirar tu cuello despacito, deja que te diga cosas al oído, para que te acuerdes si no estás conmigo …«

»Kann eigentlich irgendjemand so gut »Party« wie die Spanier?«, fragte mich Elisabeth mit einem Lachen im Gesicht.

Zuerst wollte ich sagen: »Vielleicht die Deutschen auf Mallorca.« Aber glücklicherweise schaffte ich mit einem »Nein, bestimmt nicht« gerade noch die Kurve. Unter den Spaniern waren die beiden Komponenten »Alkohol« und »Strandhits« zwar ebenso tonangebend und sie waren ähnlich »borrachos«, also stockbetrunken wie die Deutschen, dennoch liefen die Feiern unter Spaniern wesentlich stilvoller ab als auf Mallorca. Man mag an dieser Stelle den Vorwurf einbringen, Österreicher würden es den Deutschen aufgrund ihres Minderwertigkeitskomplexes nicht gönnen, ebenso großartige Partylöwen zu sein. Daher zur Ergänzung: Auch die Feiern unter Österreichern sind in der Regel nicht so stilvoll wie jene der Spanier, insbesondere wenn sie auf Ibiza stattfinden.

Nach vier Flaschen Águila wussten wir, dass es Zeit war, weiterzuziehen. Ein bisschen schummrig war uns schon. Dabei waren wir uns nicht sicher, ob es das spanische Leichtbier oder die Partystimmung insgesamt war. Wir vermuteten ersteres und fühlten uns unserem Sportlergewissen gegenüber »schuldig«.

Auch wenn es mir zwar bestimmt nicht anders ging, rief ich Elisabeth, als ich ihr reuiges Gesicht sah, entgegen:

»Was haben wir uns heute Früh geschworen? Wir genießen die Momente und sind nicht mehr so streng!«

So scherzten wir weiter und fragten uns, ob wir angesichts des internationalen Festtages nicht noch unsere Wasserflaschen mit Bier befüllen sollten, fanden aber letzten Endes die Grenze zwischen genussvollem Leben und übertriebenem Wahnsinn.

Ich bin mir bis heute nicht sicher, ob Bier nur gerüchteweise hungrig macht oder durchdachte Wissenschaft dahinter steckt. Fakt war jedoch, dass wir bereits kurz nach dem Aufbruch gewaltige Lust auf Essen bekamen. Also beschlossen wir, dieser nachzugeben und fanden in dem praktisch menschenleeren Puçol die wohl feinste Bude der valenzianischen Region: El Mesón Quijote. In unserem leichten Dusel waren wir überzeugt, dass der Restaurantinhaber Don Quijote »él mismo«, also Don Quijote persönlich sein musste. Feinste Tapas, diesmal allerdings wieder in Begleitung von Mineralwasser, lenkten unser schlechtes Gewissen von zu viel Alkohol auf zu viel Fett für wahre Sportler um. Zunächst haderten wir mit Gewissensbissen, aber einmal mehr schworen wir uns, das zu ignorieren.

Über einen wunderschönen Radweg ging es hinein nach Valencia, wo wir ein Zimmer in einer Wohnung gemietet hatten. Lang hielt es uns dort jedoch nicht. Schließlich zählt Valencia zu einer der genussfreudigsten Städte der Welt. Einer der Hauptgründe dafür ist die Tatsache, dass die famose »Paella« ihren Ursprung in dieser Stadt hat.

Also googelten wir nach den besten Orten, um diesen Ursprung zu erschmecken und stießen auf das »Restaurante Valenciano – La Riuà«. Es erweckte zwar durchaus einen ähnlich touristischen Eindruck wie das »home of the Wiener Schnitzel – Figlmüller« in Wien, aber spätestens als uns die Eigentümer Francisco Castro und Pilar Lozano von der Website entgegenlächelten, wussten wir: Da müssen wir hin.

Selbst, wenn die beiden an diesem Abend nicht anzutreffen waren, bereuten wir den Besuch keine Sekunde, denn ungeachtet des lebhaften Touristenansturms, nahm sich der Kellner Zeit für ein ausgiebiges Gespräch. Als wir ihm – zugegebenermaßen etwas schmeichelhaft – sagten, dass dies das beste Essen seit unserer Abreise von Wien sei, entgegnete er:

»Me alegro mucho. Al final, lo más importante es disfrutar de la vida. Y nosotros somos felices si podemos aportar algo a la felicidad de cada huésped con nuestra comida.«

Das Wichtigste sei es also, das Leben zu genießen und es freue sie, wenn sie mit ihrem Essen etwas zur Zufriedenheit jedes einzelnen Gastes beitragen könnten.

Um unser Glück zu vollenden, genehmigten wir uns noch »Churros con chocolate« am Hauptplatz von Valencia und begaben uns mit schweren Bäuchen zurück zu unserer Wohnung. Ein schlechtes Gewissen hatten wir schon. Aber wie lernten wir an diesem Tag? *Es ist besser zu genießen und zu bereuen, als zu bereuen, dass man nicht genossen hat.*

AUS VOLLSTER ÜBERZEUGUNG

Strength does not come from physical capacity.
It comes from an indomitable will.

Mahatma Gandhi

Stärke wächst nicht aus körperlicher Kraft –
vielmehr aus unbeugsamen Willen.

ELISABETH

Nachdem wir sehr früh aus den Federn gehüpft waren, beschlossen wir, die gewonnene Zeit dafür zu nutzen, den Charme von Valencia auszukosten. Mit frischem Kaffee in der Hand genossen wir die Stille und schlenderten durch die leeren Straßen, die sich nur langsam mit Autos und Menschen füllten. Wir spazierten noch eine Weile zwischen diesen weiter, bevor wir uns gegen 09:00 Uhr zurück ins Apartment begaben.

Die Eigentümer der Wohnung, zwei Fotografen, Miguel und Gemma, saßen am Frühstückstisch, um ein Hochzeits-Shooting für den Nachmittag zu besprechen. Mit enormer Liebe zum Detail diskutierten sie einzelne Szenarien durch. Wir spürten das Strahlen in ihren Augen bis in das Zimmer, in dem wir gerade unsere Trikots anzogen.

Gemma klopfte an die Tür und fragte uns, ob wir vor unserem Aufbruch Lust auf einen gemeinsamen Kaffee hätten.

Christoph spricht nahezu perfekt Spanisch. Ich konnte hingegen nur in Frankreich mit meinen Fremdsprachenkenntnissen punkten. Spanisch verstehe ich zwar ganz gut, sprechen kann ich es allerdings nicht. So ergab sich in Folge bei allen Gesprächen eine lustige Mischung aus Spanisch und Englisch, die sich zumindest meistens unbeschwert anfühlte.

Gemma und Miguel zeigten uns dutzende wunderschöne Fotos, die sie geschossen hatten, als sie vor einigen Jahren die spanische Küste mit dem Auto entlang gefahren waren. Es schien, als wären all ihre Urlaube immer klar durch eine gemeinsame Leidenschaft geprägt gewesen: die Fotografie. Selten wählten sie eine Destination, weil sie diese lediglich schön und entspannend fanden. Im Regelfall wurde ein Land auserkoren, das ihre Fotografie-Skills forderte und zufriedenstellte. Sie erzählten uns, dass sie in den ersten Tagen nach ihrer Ankunft meist nicht sonderlich viel schliefen, um die Zeit bestmöglich auszukosten.

Die beiden hatten sich auf der Universität kennengelernt, wo sie sich damals schon zum Ziel gesetzt hatten, Hochzeitsfotografen zu werden. Warum? Weil sie es liebten, die magischen Momente während der Trauung und der Feier so einzufangen, dass diese auch in Zukunft für das Brautpaar fühlbar blieben. Außerdem waren sie sich einig, dass manches Foto voller Emotionen schon die ein oder andere Ehe in schwierigen Zeiten gerettet hätte.

»Es wird einfach nie langweilig, die schönsten Momente so perfekt wie möglich festzuhalten«, schwärmte Miguel vor sich hin und sah Gemma dabei tief in die Augen.

Ein Moment, den Christoph und ich in unseren Gedanken festhielten. Es war bezaubernd zu sehen, wie zwei Menschen aus vollster Überzeugung an etwas arbeiteten und einander dabei unterstützten, das Bestmögliche aus sich herauszuholen.

Etwas rührselig verabschiedeten wir uns und starteten erst gegen 10:30 Uhr Richtung Dénia. Das Ziel des Tages war nur hundert Kilometer entfernt, weshalb wir trotz vorangeschrittener Uhrzeit gemächlich losradelten. Wir fuhren noch durch die imposante Ciudad de las Ciencias und ließen anschließend die Stadt hinter uns.

Unsere ersten Kilometer führten einen wunderschönen Strand entlang. Dieses Panorama wurde jedoch recht schnell von dutzenden Reisfeldern ersetzt. Wir fühlten uns, als wären wir die einzigen Menschen weit und breit. Im Nachhinein konnte ich mich an ein einziges Auto erinnern, das wir erblickten. Dieses kam uns jedoch weder entgegen, noch überholte es uns. Es steckte in einem Reisfeld und war dort sichtlich schon einige Tage gestanden. Vermutlich war der Weg nach Hause, wenn man ein, zwei Achterl zu viel erwischt hatte und nicht von der Polizei ertappt werden wollte, jener über die Reisfelder – der Promilleweg sozusagen. Nachdem aber niemand darin saß, gingen wir davon aus, dass am Ende nur das Auto Schaden erlitten hatte.

Kurz darauf kamen wir an einen Strand in Xeraco, wo wir uns durchgeschwitzt dazu entschieden, kurz ins verlockende Wasser zu springen. Unsere Fahrräder stellten wir mittlerweile gekonnt aneinander gelehnt im Sand ab, indem wir die Gesetze der Physik, oder zumindest unsere Bauernkenntnisse über die Gewichtsverlagerung, genutzt hatten.

Dabei entdeckten wir eine Dame im Rollstuhl, die verliebt hinaus auf den weiten Ozean blickte. Eine andere Frau, deutlich jünger, erschien auf der Bildfläche mit einer Trage, die offenbar dafür gemacht war, Menschen mit Bewegungseinschränkungen ins Wasser zu helfen. Sie begann, die Dame im Rollstuhl langsam in Richtung Trage zu heben, als sie innehielt und uns zurief:

»Könntet ihr mir bitte helfen? Ich habe mich da überschätzt!«

Christoph und ich eilten zu ihr und gemeinsam gelang es uns, die Dame ins Wasser zu begleiten. Ana, die Tochter von Gabriela, wie wir erfuhren, bedankte sich herzlich bei uns. Im Wasser angekommen, fing Gabriela an zu strahlen. Auch uns berührte dieser Moment sehr.

»Ihr seht aus, als hättet ihr eure Liebsten begraben, aber würdet schön langsam mit dem Schmerz abschließen«, sagte Ana, während ihr Lachen in ein Schmunzeln überging. »Danke euch nochmals für die Hilfe.«

Gabriela erzählte uns, dass sie vor einigen Jahren bei einem Unfall ihren Mann und ihr Gehvermögen verloren hätte. Die Trauer um ihren verstorbenen Gatten habe sie zwar noch nicht ganz überwunden, trotz körperlicher Hindernisse ließe sie sich allerdings keine Sekunde davon abhalten, das zu tun, was sie wollte.

»Ich liebe es, zu zeichnen und zu singen, was vermutlich in Anbetracht der Tatsache, dass ich Musik- und Kunstlehrerin bin, nicht so schlecht ist«, zwinkerte uns Gabriela zu. »Und ich liebe das Meer. Mein Mann liebte das Meer. Meine Tochter liebt das Meer. Wer könnte es nicht lieben, frage ich mich immer.«

Etwa einmal in der Woche kam sie zum Schwimmen hierher. Meistens waren der Freund ihrer Tochter und ihr Sohn ebenfalls dabei und sie musste sich nicht auf die Muskelkraft von zwei Fremden verlassen.

Gabriela beeindruckte mich.

»*Stärke wächst nicht aus körperlicher Kraft – vielmehr aus unbeugsamen Willen.*« Eines der schönsten Zitate von Mahatma Gandhi und hundertprozentig passend für die Dame, die wir am Strand von Xeraco kennenlernen durften.

Der Tag war aber nicht nur von Rührseligkeit und Demut geprägt, sondern lehrte uns auch, dass wir unseren Zielen und Träumen auf unsere Art und Weise und mit unseren Überzeugungen nacheifern sollen. Ich kann nicht genau sagen, warum wir während der letzten Kilometer der Etappe plötzlich solch unfassbar gute Laune bekamen. Wir erzählten uns die blödesten Witze und sprachen über unsere Zukunft, als wäre sie nicht eine Sekunde lang beängstigend.

Auf einmal waren wir da. Die Klingel zum Apartment von Daniela war vor unserer Nase und gleich nebenan entdeckten wir einen kleinen Imbiss mit spanischen Leckereien, der unseren Magen immer mehr grummeln ließ.

»Ich habe einen Bärenhunger! Schnell die Sachen im Zimmer ablegen und auf zu dem guten Laden, würde ich sagen«, legte Christoph fest.

Wir begrüßten Daniela, die vor knapp sechs Monaten von Polen nach Spanien gekommen war, um hier zu arbeiten und ihren Hund »Tequila«, der uns ebenso ansah, als würde er für ein paar Leckerbissen alles tun. So legten wir geschwind unsere Sachen ab und fanden uns bald vor der Vitrine der Rostisseria, voll mit Paella, Grillhühnchen, Croquetas und allem, was das Herz begehrte, wieder. Als wir gerade dabei waren, eine Wahl zu treffen, rief eine Frau von hinten nach meinem Verständnis:

»Horch her, el teléfono.«

Etwa eine ausgewanderte Wienerin? Weitgefehlt! »Jorge«, ausgesprochen wie eben »Horch her«, war ein spanischer Name, der in Österreich »Georg« gleichkam.

Jorge hatte aber sichtlich keine Zeit für »el teléfono«, denn er war damit beschäftigt, uns freudestrahlend zu erzählen, wie seine Gerichte zubereitet wurden. Ja, so ziemlich jedes einzelne. Ein Geheimrezept für seine Paella gab es also künftig nicht mehr, denn er verriet praktisch all seine Finessen mit Leidenschaft.

»Nachdem ihr aber bestimmt hier seid, weil ihr keine Lust, Zeit oder Möglichkeit zum Kochen habt, werdet ihr es nicht nachmachen, sondern trotzdem hier einkaufen wollen. Und weil es vielen Menschen so geht, habe ich viele Kunden. Ich finde, die können schon wissen, was da drin ist. Wer weiß, am Ende des Tages kommen sie vielleicht genau deshalb zu mir«, meinte er.

Womöglich waren wir in diesem Moment einfach in der richtigen Stimmung, um in Jorge jemanden zu sehen, der das, was er tat, ebenso aus vollster Überzeugung und mit vollster Leidenschaft machte.

Was ich aber mit Sicherheit sagen kann, ist, dass wir allein wegen seiner genüsslichen Erklärungen mindestens doppelt so viele Gerichte genommen haben, wie ursprünglich geplant. Ein guter Geschäftsmann war er also auf alle Fälle.

Das anschließende »food coma« ließ uns direkt nach dem Essen einschlafen, denn nach einem halben Grillhuhn mit Paella, Croquetas und Kartoffeln, kann man beim besten Willen nicht mehr aufstehen. Auch Tequila stimmte uns zu, der mit vollem Bauch, gefüllt mit unseren Essensresten, auf seinem Kissen am Gang lag und vermutlich von Jorge und seinen Rezepten träumte.

DINGE ORDENTLICH TUN ODER GAR NICHT

It's not enough that we do our best.
Sometimes we have to do what's required.

Winston Churchill

Es ist sinnlos zu sagen: Wir tun unser Bestes.
Es muss uns gelingen, das zu tun, was erforderlich ist.

CHRISTOPH

Nach einer weiteren Nacht geprägt von Hitze, Lärm und folglich wenig Schlaf, ging es an Tag 23 erneut zeitig los. Zwar standen nur hundert Kilometer am Programm, mit mehr als tausend Höhenmetern und jeder Menge unbekanntem Untergrund konnten sich diese aber deutlich in die Länge ziehen.

Um 07:30 Uhr blickten wir daher noch einmal von unseren Rädern zu Jorges Rostisseria und düsten los. Wir waren stolz, dass wir es geschafft hatten, an unserem Vorhaben eines frühen Starts festzuhalten. Seit dem Gespräch mit unserem amerikanischen Hotelkollegen in Castellón de la Plana vor zwei Tagen waren wir bemüht, aus jedem Tag das Beste rauszuholen.

So besorgten wir nur schnell Wasser an einer Tankstelle an der Ortsausfahrt und schon konnte es weiter Richtung Gebirgsüberquerung gehen. Das war zumindest der Plan. In der Realität fehlte es Elisabeths Vorderreifen nach dem kurzen Aufenthalt wieder einmal an Luft. Der Vorsatz mit der guten Laune schien vergessen und wir wurden augenblicklich wütend. Extra so früh aufgestanden und dann verloren wir hier die wertvolle Zeit bis zum Ausbruch der spanischen Sommerhitze erneut mit dem Wechseln des Schlauches.

Aber es brachte natürlich nichts, einfach nur zu granteln. Also machten wir uns wieder ans Werk. Ich checkte in aller Eile das äußere Profil des Reifens, tauschte den Schlauch aus und fing an, ihn mit unserer Mini-Pumpe mit Luft zu versorgen.

Dabei erregten wir das Interesse eines Shop-Besitzers nebenan. Mitleidig kam er zu uns und bot uns seine Hilfe an. Insbesondere hätte er eine größere Pumpe, falls wir darauf zurückgreifen wollten. Prinzipiell waren wir zwar sehr um einen Austausch mit anderen bemüht, in dieser mir peinlich erscheinenden Situation wollte ich allerdings nicht noch mehr Aufmerksamkeit auf den Vorfall lenken. So bedankten wir uns freundlich und winkten ab.

»Vergesst nicht, das Außenprofil gründlich zu überprüfen.«

Eine Ansage, die ich umgehend in den falschen Hals bekam.

»Der Kerl ist wohl besonders schlau«, dachte ich mir. »Señor Neunmalklug, wir sind seit mehr als 2500 Kilometern mit unseren Rädern unterwegs. Ich bin nicht auf der Nudelsuppe hierher geschwommen«, hätte ich am liebsten geantwortet.

Aber erstens hätte ich nach »Señor« auf Spanisch nicht mehr weiter gewusst und zweitens, was hätte es denn gebracht? Auch, wenn er sich diese Schlauheit getrost sparen hätte können, und ich mir damit meinen anwachsenden Zorn, wollte er uns letzten Endes ja nur helfen. Dennoch nagten seine Worte für den Rest der Reparatur an mir. Schließlich gab ich nun bereits zum wiederholten Male mein Bestes, um den schadhaften Reifen rasch zu wechseln und ärgerte mich ungemein über die Tatsache, dass meine Bemühungen nicht reichten. Dass ausgerechnet ein Shop-Besitzer nun die Lösung aus der Ferne parat hätte, erschien mir gar sehr aus der Luft gegriffen.

Apropos Luft ... Sobald diese wieder im Reifen war, besannen wir uns erneut auf unseren Optimismus und radelten weiter Richtung Gebirgskette. Trotz der Anstrengung fühlten wir uns zunehmend pudelwohl. Ernest Hemingway hatte einmal geschrieben: »*Beim Radfahren lernt man die Konturen eines Landes am besten kennen, weil man dessen Hügel empor schwitzt und dann wieder hinuntersaust. Auf diese Weise merkt man sich, wie sie wirklich sind, während einen im Auto nur ein hoher Hügel beeindruckt.*« In diesem Moment konnten wir diese Zeilen besonders gut nachempfinden, wobei uns am höchsten Punkt der Überquerung der Blick auf den gewaltigen Kalkstein-Hügel von Calp zu unserer Linken nicht minder begeisterte. Zu unserer Rechten sahen wir unser erstes Ziel: Altea, wo uns nach fast fünfzig Kilometern und rund tausend Höhenmetern gegen Mittag tatsächlich noch ein exzellentes Frühstück serviert wurde. Glücklicherweise essen Spanier ebenso gerne etwas später.

»Wissen Sie, dass Sie das beste Frühstück zwischen Wien und Altea servieren?«, sagte ich diesmal vollen Ernstes zu der Kellnerin und konnte ihr damit zumindest ein Schmunzeln entlocken.

»Wir haben ja praktisch keine andere Wahl!«, entgegnete sie.

»Wie jetzt? Die gesamte Küste war voll mit Strandtouristen. Die »fressen« ja sowieso jede Bude leer. Hauptsache billig!«, dachte ich mir zumindest. Gesagt habe ich natürlich:

»Finde ich sehr bewundernswert!«

»Ja, viele glauben das nicht, aber hier an der mit Restaurants völlig überfüllten Küste haben wir gelernt, dass wir die beste Qualität anbieten müssen. Sonst gehen die Gäste woanders hin.«

Das hätte ich wirklich nicht für möglich gehalten. Der gewählte Fokus gefiel uns jedenfalls, weshalb wir gleich zwei weitere »zumos de naranja« nachbestellten.

Um Zeit für eine weitere »Qualitätskontrolle« entlang der Küste zu haben, hieß es flott weiterzufahren. Wir radelten an Spaniens Strandstädten des Wahnsinns, Benidorm und Villajoyosa, vorbei und erfreuten uns trotz teils verrückter Verkehrsbedingungen der herrlichen Küstenlandschaft. Selbst die Notwendigkeit, Elisabeths Vorderreifen zwei weitere Male nachzupumpen, konnte unsere »good vibes« nicht vermiesen.

Nur kurz nach Villajoyosa war es soweit und wir entdeckten das mit Abstand netteste Strandcafé auf unserer gesamten Reise. Während das Restaurant in Altea besonders durch seine Eleganz brillierte, zeichnete sich dieses Café durch Schlichtheit und herrlichen Panoramablick bis nach Alicante aus. So saßen wir nun entspannt bei Tinto de Verano und waren uns trotz Affenhitze sicher, dass uns nichts mehr aus der Ruhe bringen konnte. Was sollte denn auf den restlichen dreißig Kilometern bis Alicante noch passieren?

Heute würden wir wohl beide dazu neigen, diese Frage mit »alles« zu beantworten. Im Endeffekt führte aber wohl nur die rasche Aneinanderreihung von weiteren Nachpumpaktionen, einer für fünfzehn Minuten festklemmenden Kette, einem mit Glassplittern übersäten Fahrstreifen, kilometerlangen unbeleuchteten Tunneldurchfahrten ohne Pannenstreifen, uns dementsprechend K.O.-hupenden Autos, einem darauffolgenden Kennenlernen mit der spanischen Polizei und dem fünften Patschen auf dieser Reise auf einer völlig schattenbefreiten Straße bei weiterhin 42 Grad Celsius zur letztendlichen Kulmination:

»Kann nicht einmal ein oar... Tag ganz normal ablaufen? Einfach aufstehen, radeln, baden, essen und schlafen gehen«, schoss Elisabeth aus sich heraus und trat auf ihre Gepäcktasche ein. Wohlgemerkt die einzige, die mit Sicherheit gar nichts für diese Situation konnte.

Nachdem sie den Part der eskalierenden Person übernommen hatte, konnte ich die Rolle des kalmierenden Gegenparts einnehmen – beziehungsweise es zumindest versuchen.

»Die Tasche durch die Luft zu jagen, bringt uns jetzt nicht weiter«, trieb ich Elisabeth weiter zur Weißglut. »Lass mich das Ganze halt nochmals anschauen und flicken.«

Dass diese Worte tatsächlich falsch gewählt waren, wurde mir bewusst, als sie mir klar und deutlich zu verstehen gab, dass ich das ruhig lassen könne. Sie würde das nun übernehmen.

Während ich versuchte, mich so nah wie möglich an den Zaun eines Hauses nebenan zu pressen, um zumindest in den Genuss eines Hauchs von Schatten zu kommen und damit neben Elisabeth auch noch den Hund dahinter zur völligen Eskalation brachte, fing sie an, das Rad zu zerlegen. »Schon gut. Soll sie es ruhig selber machen«, dachte ich mir eingeschnappt.

»Da ist er also, der Übeltäter«, rief mir Elisabeth plötzlich wie ausgewechselt und voller Euphorie zu. Dabei hielt sie einen 0,001 Millimeter kleinen Minidorn in ihren Händen, den sie soeben aus dem Außenprofil gefischt hatte.

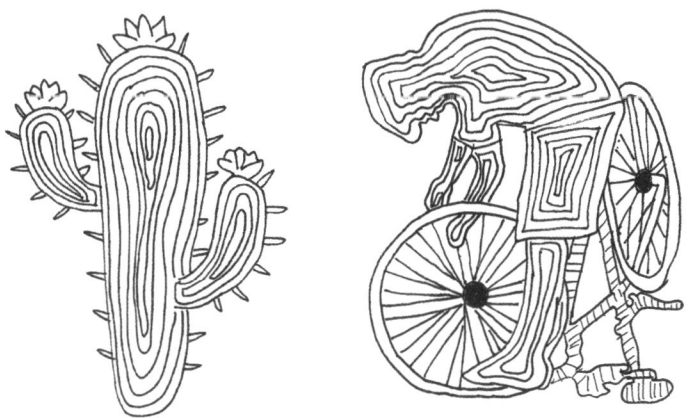

Ich wusste nicht so recht, ob ich mich freuen oder eher beleidigt sein sollte. Wie konnte es sein, dass ich diesen Dorn nicht gleich gesehen hatte? Bis heute bin ich davon überzeugt, dass er frühestens an diesem Morgen seinen Weg in den Außenreifen gefunden hatte. Aber diese Argumentation brauchte ich gar nicht erst zu starten. Als »guter Verlierer« gratulierte ich ihr zu dem Fund, schloss mich ihrer Freude an und setzte mit ihr den Reifen wieder ein.

Ganz verkneifen konnte sie sich ihre Schadenfreude jedoch nicht:
»Deine Mutter sagt's ja eh immer. Vom Hudeln kommen die Kinder.«

Zu Recht, wie ich mir nach meiner Ansage vorhin ein weiteres Mal eingestehen musste.

Bis Alicante konnten uns jedenfalls weder weitere Tunneldurchfahrten noch vierspurige Fahrbahnen aus der Ruhe bringen. Auf den breiten Sandstränden von Playa de San Juan, unmittelbar vor Alicante, befeierten wir unseren, okay, Elisabeths Goldfund mit einem Bad im Meer. Dann ging es weiter in die Stadt, wo ein kleines Zimmer in einer Privatwohnung auf uns wartete.

Trotz unserer klaren Verspätung begrüßte uns Oana, die Wohnungseigentümerin, mit einem äußerst freundlichen Lächeln. Wir erklärten den Grund für unser Zuspätkommen und erzählten ihr die gesamte Reifenstory.

Sie lachte nur, wobei sie ihr Mitleid mit Elisabeth kaum verhehlen konnte:

»Ich sage meinem Freund immer genau dasselbe. Wenn du eine Glühbirne wechselst, mach es so, dass wir nicht drei Tage später schon wieder eine neue kaufen müssen.«

»Gut, gut. Aber Glühbirnen wechsle ich zumindest so, dass …«, setzte ich zur Verteidigung an, doch ich wusste bereits, dass ich diesen Kampf nicht mehr gewinnen konnte, denn im Endeffekt musste ich den Damen wohl Recht geben:

Entweder man macht Dinge ordentlich oder man lässt es bleiben.

DIE EIGENE REALITÄT

Der Andersdenkende ist kein Idiot, er hat eben nur andere Aspekte der Wirklichkeit in den Mittelpunkt gestellt.

Paul Watzlawick

ELISABETH

Obwohl wir beschlossen hatten, unsere Zeit voll und ganz zu genießen und das Beste aus jedem Tag rauszuholen, war nach einigen Minuten auf fürchterlich stark befahrenen Autostraßen klar, dass diese Strecke nicht unter unsere Top Ten kommen würde.

Nach etwa dreißig Kilometern legten wir daher eine Pause ein. Unsere Lungen waren mit Abgasen gefüllt und wir waren müde davon, permanent Autofahrer anzuschreien, die uns sowieso nicht hörten, wenn sie der Reihe nach mit einem Zentimeter Abstand an uns vorbeischossen. Während wir versuchten, unsere Atemwege mit frischer Luft zu besänftigen, stießen wir auf ein entzückendes Café, wo wir für ein Frühstück einkehrten.

Am Tisch neben uns saß ein deutschsprachiges Pärchen. Aufgefallen war es uns sofort dadurch, dass es seit der Ankunft nur gestritten und alles bemängelt hatte. Selbst das Frühstück, das in meiner Wahrnehmung fabelhaft aussah, wurde mit den Worten »widerlicher Mist« betitelt. Außerdem wären die Sessel viel zu hart, um gemütlich darauf zu sitzen und bei der Hitze könne man sowieso nichts zu sich nehmen.

Und weil schlechte Laune ansteckend und ich folglich Stück für Stück genervter war, lächelte ich Christoph an und er sagte:

»Die beste Tortilla de patatas, die wir in ganz Spanien bisher gegessen haben, findest du nicht auch, mein Schatz?«

Ich musste tierisch lachen, aber versuchte, dies so lautlos wie irgendwie möglich zu tun. Lauschen taten wir ja gerne, auffallen wollten wir in solchen Situationen nur bedingt.

Während ich versuchte mein Lachen zu unterdrücken, zückte die Frau am Nebentisch ihr Handy und begann Fotos zu machen. Wenige Sekunden später fing sie sogar an, ein Video von sich zu drehen. Dabei lächelte sie in die Kamera und erzählte ihren »Followern«, was für eine atemberaubend tolle Zeit sie gerade hätte und dass sie wieder einmal ein fantastisches Frühstück direkt am Meer genieße. Ihren zweiminütigen Dialog mit ihrem Handy, der ja im Grunde ein Monolog war, schloss sie mit den Worten ab:

»Leute, life is beautiful. Genießt es!«

Total perplex sah ich zu Christoph. Seine Augen sprachen:

»Ja, ich weiß, lustig und traurig zugleich, aber es geht uns ehrlich gesagt nichts an.«

Das war mir natürlich klar. Trotzdem reagiere ich immer allergisch auf Selbstverrat und bewusstes Vorspielen falscher Tatsachen. Vor allem, weil die Streiterei nicht einmal fünf Sekunden nach Beendigung des Videos fortgesetzt wurde und zwar in einer Lautstärke, der man sich nicht entziehen konnte, selbst, wenn man es wollte.

Ich stellte mir vor, wie einer ihrer »Follower« dieses Video gerade betrachtete und sich in seiner eigenen Welt schlecht fühlte. Schlecht, weil er oder sie vielleicht gerade in der Arbeit war und es in seiner oder ihrer Realität gerade einfach nicht genauso toll war, wie ein fantastischer Urlaub im Süden Spaniens.

Sowohl Christoph als auch ich sind grundsätzlich so eingestellt, dass wir zumindest versuchen, alles im Leben positiv zu sehen. Uns käme es nicht in den Sinn, nach negativen Gefühlen zu suchen, während wir bei einem Frühstück in einem Café am Strand sitzen. Deshalb konnte und wollte ich nicht hinnehmen, dass wir eine andere Auffassung hatten und ich war mir sicher, dass die Herangehensweise des deutschen Pärchens schlicht falsch war.

Dabei ist mir bewusst, dass jeder Mensch Dinge anders wahrnimmt, wenn auch teils nur ganz minimal. Jeder formt »die Realität« basierend auf seinen eigenen Erfahrungen und Gefühlen. Eine »richtige« Realität gibt es daher wohl nicht. Natürlich sollte man dabei das glauben, was man selbst denkt, erlebt zu haben. Ansonsten würde man à la longue vermutlich nicht nur dissoziieren, sondern auch in einer existenziellen Krise landen. Dennoch finde ich, ist es kein Widerspruch, wenn man andere Realitäten in Betracht zieht und diese zu verstehen versucht. Was man am Ende des Tages daraus macht, bleibt einem ja selbst überlassen. Nur weil man andere Realitäten versteht, heißt es schließlich nicht, dass man seine abändern, vernachlässigen, oder gar die des anderen annehmen muss.

Ich finde es immer spannend, wie zwei Personen ein Erlebnis ganz unterschiedlich wahrnehmen können. Teilweise sogar bis zu dem Punkt, an dem man sich nicht mehr sicher ist, ob diese zwei Menschen ein und dieselbe Situation gemeinsam erlebt haben.

Nehmen wir zum Beispiel Christoph und mich auf der einen Seite her. Ich wage zu behaupten, dass unsere Ansichten und Empfindungen in 95 Prozent der Fälle die gleichen sind. Wenn wir Dinge gemeinsam erleben, gleichen unsere Gefühle und Nacherzählungen einander oft bis ins letzte Detail. Hin und wieder gibt es aber die anderen fünf Prozent, in welchen wir uns fragen, ob der jeweils andere gerade komplett einen an der Waffel hat. Christoph kann sich dann von mir anhören, dass er das nur so empfinden würde, weil er wieder einmal bei der Hälfte nicht aufgepasst hätte. Seine Reaktionen à la »ja«, »aha«, »voll«, etc. wiesen schließlich deutlich darauf hin, dass er mit seinem Kopf irgendwo sei, aber bestimmt nicht bei der Sache. Ich wiederum werde gerne mit dem

Vorwurf konfrontiert, ich würde wegen meiner eigenen Gefühlslage gewisse Sätze »aufgebauschter« verstehen, als sie gesagt wurden. Irgendwo in der Mitte liegt wohl die Wahrheit … vielleicht. Wie auch immer, Christoph und ich teilen zum Glück meist »eine Realität«.

Auf der anderen Seite habe ich schon viele Menschen kennengelernt, bei denen das prozentuale Verhältnis anders herum war. In fünf Prozent der Fälle war ich mit dieser Person einer Meinung und in 95 Prozent der Fälle wusste ich nicht, worüber mein jeweiliges Gegenüber sprach.

Das Problem hierbei ist wohl, dass man viel zu oft hinterfragt, wer denn richtig oder falsch liegt.

Vermutlich gibt es kein »Richtig« oder »Falsch«, sondern lediglich Personen, die der eigenen Wahrnehmung näher oder ferner sind.

Entgegen meiner Grundsätze regte mich diese Dame jedoch so sehr auf, dass ich es mir nicht sparen konnte, nach wenigen hundert Metern ein paar Worte über sie zu verlieren:

»Diese Tussi lebt schon in ihrer ganz eigenen Realität. Wie kann man denn Dinge so falsch wahrnehmen?«

»Wer erklärt mir immer, dass jeder Mensch seine eigene Realität hat und es kein Richtig oder Falsch gibt, meine kleine aufmüpfige Tussi?«

Ich dachte mir nur: »I see your point« und lächelte ihn an.

Leider wurde die Strecke nicht schöner und so suchten wir fünfzig Kilometer weiter erneut nach einem Rastplatz. Diesmal hielten wir Ausschau nach einem Supermarkt, weil ein solcher für uns drei unschlagbar grandiose Vorteile brachte: Er war klimatisiert, es war nie ein Problem, einen Platz für unsere Räder zu finden und wenn man wollte, konnte man seinen Kopf in die Gefriertruhe legen.

Kurz darauf entdeckten wir schon einen, der vielversprechend aussah, denn er war mit der Aufschrift »Iceland Store« gekennzeichnet.

»Wie lustig«, sagte ich zu Christoph. »Jetzt können wir auch noch Island-Luft schnuppern gehen.«

Wir betraten das Geschäft und erfreuten uns sofort einer herrlich kühlen Brise, die in unser Gesicht knallte. Plötzlich sprachen hier alle Menschen britisches Englisch und wir fragten uns, ob die kalte Luft gerade zu viel für unsere Köpfe war. Aber nein, wir waren tatsächlich in Mini-UK gelandet. Man fand hier alles, was man in einem gewöhnlichen Supermarkt in England auch finden würde. Bis hin zu ganz fürchterlichem Kaffee. Dass selbst die Kassierin nur Englisch sprach, erschwerte uns die Vorstellung, in Spanien zu sein, um einiges. Hier galt es, sich genauer umzusehen.

Nach unserer ersten Analyse ging kein einziger Kunde aus diesem Geschäft, ohne nicht zumindest zehn verschiedene Packungen Chips in die Einkaufstüte gepackt zu haben. Irgendwie wollten wir diesen Store nicht verlassen, bevor wir das Erlebnis für uns realisiert hatten. Christoph und ich verloren uns also wieder einmal in unseren Gedanken und sprachen über die Tatsache, dass ein Angestellter hier rund vierzig Stunden pro Woche verbrachte, in denen ihm das spanische Leben komplett fernblieb.

Obwohl wir den Supermarkt nach nur dreißig Minuten verließen, fühlten wir uns schon wie Owen Wilson in Midnight in Paris und fragten uns erneut, ob ein Mitarbeiter hier nicht irgendwann einen kompletten Realitätsverlust erleiden würde. Witzig war es aber schon. Ich hatte immer noch die Dame an der Kassa im Ohr, als sie mir mit einem süßen britischen Akzent: »Thank you darling, have a very nice day« zurief.

Wir setzten uns wieder auf unsere Drahtesel und versuchten, die letzten dreißig Kilometer Autostraße schnellstmöglich hinter uns zu bringen.

Vor unserer Pension in Cartagena angekommen, wartete eine, zumindest für mich, überaus freudige Überraschung: dutzende Katzen, die direkt davor schliefen und spielten. Ich traute meinen Augen kaum.

Wie konnte es sein, dass mindestens vierzig von ihnen auf einem Fleck miteinander auskamen? Wie konnte es überhaupt sein, dass sie ein und denselben Ort sichtlich so sehr liebten, dass sie ihn teilten? Die Pension war nett, der Platz allerdings nicht so herausragend, als dass man eine Antwort auf diese Fragen hätte finden können.

Christoph freute sich zwar für seine Katzenliebhaberin, wenngleich seine Liebe zu diesen Tieren nicht ganz so ausgeprägt war wie meine. Er versuchte dies aber angesichts der Tatsache, dass ich ihnen allen Namen gab, zu unterdrücken.

»Ich geh uns schnell einchecken«, hörte ich ihn mir ein paar Minuten später zurufen, als ich meine Namensgebung beendete und ihm folgte.

Als ich die Tür öffnete, erblickte ich zwei weitere Stubentiger, die sich auf dem Tresen der Rezeptionistin putzten und streckten. Ich kannte zwar die Katzenlady von den Simpsons, aber wer hätte gedacht, dass sie auch in Cartagena existierte?

Wir fragten sie, wie es dazu kam, dass so viele Samtpfötchen vor ihrer Pension weilten. Natürlich konnten wir die Antwort erahnen, als sie sagte: »Mea culpa«, und Christoph und ich lautstark zu lachen anfingen.

»Manchmal fühlt man sich ein wenig einsam, wenn man viel Zeit hier verbringt. Als ich einmal draußen Futter verstreut habe, hatte ich innerhalb kurzer Zeit ein paar weitere Kätzchen, die immer wieder kamen. Nach mittlerweile drei Jahren seht ihr ja selbst, was daraus geworden ist. Jetzt versuche ich, dass es zumindest nicht noch viel mehr werden. Versprechen kann ich aber nichts.«

In ihrer Realität war das schön, normal und ein großer Teil ihres Lebens.

Als wir uns nach dem Einchecken wieder nach draußen begaben und die vielen Katzen selbst in der Dunkelheit wie zuvor an ihrem Platz verharrten, fühlten wir uns, als wären wir im Musical »Cats« aufgewacht.

Eine ganz andere Realität eben. Nicht richtig, oder falsch. Einfach anders.

HERAUSFORDERUNG: SELBSTIRONIE

*Die schwierigste Turnübung ist immer noch,
sich selbst auf den Arm zu nehmen.*

Werner Finck

CHRISTOPH

Am darauffolgenden Morgen lagen die Katzen weiterhin vor unserer Unterkunft, der Pensión Balcones Azules. Elisabeth erkannte alle sofort wieder, schließlich hatte sie am Vortag jeder einen hübschen Namen verpasst. Während sie also dabei war, von Fiffy bis Leo durchzuzählen, unterhielt ich mich mit der Eigentümerin.

Sie war schon eine lustige Zeitgenossin, denn es war ihr bewusst, dass sie als Katzenlady, beziehungsweise vielerorts wohl als Katzenhexe, verrufen war. Dennoch schaffte sie es, einfach darüber zu schmunzeln.

An diesem Tag hatten wir nur rund 75 Kilometer von Cartagena nach Águilas vor uns. Eine Unsicherheit, die wir bereits jetzt mitgeschleppt hatten, war die fehlende Rückbestätigung für unser gebuchtes Zimmer. Doch selbst, wenn es an Spaniens Küste in der Hauptsaison oft herausfordernd war, eine passende Unterkunft zu finden, blieben wir vorerst entspannt.

Kurz nach der Ortsausfahrt von Cartagena überholte uns eine erste Gruppe von rund 25 Rennradfahrern.

»Venga, venga!«, riefen uns einige von ihnen zu, um uns zu signalisieren, dass wir gleich mit ihnen mitkommen sollten.

Sichtlich mit dem besten Equipment ausgerüstet, vom topmodernen Rennrad bis hin zu E-Bikes im Rennradlook, konnten sie sich leicht überlegen fühlen. Da verstanden wir beide keinen Scherz. Mit unseren Mountainbikes klebten wir regelrecht auf der Straße.

Aber immerhin zeigte uns das Antreffen dieser großen Radtruppe, dass wir offensichtlich wieder in einer Gegend angekommen waren, in der auch andere Menschen gerne auf das Rad stiegen. Das war an den Vortagen auf den Hauptstraßen kaum der Fall gewesen.

Bei Begegnungen mit anderen Radlern wird der Ehrgeiz immer ganz besonders aktiviert und es wird eine akribische Bilanz aufgestellt. Eine mögliche Conclusio könnte sein:

»Sensationelle sieben Radfahrer habe ich überholt: vier davon auf Mountainbikes, zwei sogar auf Rennrädern und einen überhaupt auf einem E-Bike. Gleichzeitig wurde ich von fünfzehn Radfahrern überholt, die waren aber allesamt mit besserem Equipment unterwegs.«

Warum es das braucht und man nicht einfach sagen kann: »Super, ich hab es aus eigener Kraft bis auf den Berg geschafft, was die anderen rundherum machen, ist mir völlig egal«, sei dahingestellt. Sich einzugestehen, dass man von jemandem mit gleichwertigem oder schlechterem Equipment und vielleicht sogar mit schwächerem Körperbau überholt wurde, war jedenfalls ein Ding der Unmöglichkeit. Wurde man also tatsächlich von einem Mountain- oder sogar Citybike überholt, hielt man sofort Ausschau nach dem Elektroantrieb. Sofern auch dieser nicht entdeckt werden konnte, gab es nur noch zwei mögliche Antworten:

1) »Diese E-Motoren sind immer besser versteckt.«

2) »Ganz klarer Fall von Doping im Amateurbereich.«

Warum die Radfahrer hier so zahlreich aufgetreten waren, wurde uns einige hundert Höhenmeter weiter klar, als sich uns am Gipfel ein herrliches Panorama über die Küste offenbarte. Die Abfahrt bis nach Mazarrón war unfassbar schön.

Während unseres Zwischenstopps wurde offiziell, was wir ohnehin bereits befürchtet hatten: Die Wohnung in Águilas konnte an diesem Tag nicht vermietet werden.

»Probiert es einfach bei Señora Rodriguez«, meinte der Vermieter in seiner Nachricht salopp, um mit den Worten, es tue ihm leid, er wisse, dass er unglaublich »empanado« wäre, abzuschließen.

Das Wort »empanado« kannte ich nur aus der Gastronomie. Ein Wiener Schnitzel ist etwa »empanado«, also paniert. War es vielleicht möglich, das Wort wie im Deutschen im Zusammenhang mit Alkohol als »völlig paniert« zu verwenden? Nicht ganz. Wie ich über ein Online-Wörterbuch herausgefunden habe, kann es umgangssprachlich als »verplant« oder »verpeilt« eingesetzt werden.

Dennoch dachte ich mir im ersten Moment:

»Was ist denn das schon wieder für ein Witzbold? Zuerst die Wohnung auf verfügbar stellen, einen Tag lang nicht antworten und drei Stunden vor der geplanten Ankunft mit den Worten »probiert es bei der Rodriguez« absagen. Ohne weitere Kontaktdaten!«

Rodriguez war in Spanien ein ähnlich häufiger Name wie Müller im deutschsprachigen Raum.

Gleichzeitig war mir seine selbstkritische Anmerkung am Ende der Nachricht durchaus sympathisch. Selbstironie und Selbstdistanz sind schließlich Charaktereigenschaften, die Elisabeth und ich enorm schätzen. So akzeptieren wir es etwa, wenn wir in einem Restaurant für eine halbe Stunde ignoriert werden, die Bestellung anschließend mit einer furchtbar ernsten Miene aufgenommen wird, die falschen Speisen gebracht werden und uns zu allem Überfluss der Kaffee nach dem Essen über die Hose geleert wird. Vorausgesetzt, man schafft es zumindest dann, eine selbstironische Meldung à la »Wissen Sie, ich bin erst seit fünfzehn Jahren Kellner. Ich muss noch ein wenig üben« rauszubringen.

Selbstironie kann also viele Wunden heilen. Völlig überspitzt formuliert, könnte man so weit gehen, zu sagen, dass eine Vielzahl an Konflikten dieser Welt mit etwas Selbstironie oder Selbstdistanz hinfällig wären, da bald keiner mehr wüsste, warum überhaupt gestritten wird. Dass die Sache in der Praxis wesentlich komplexer ist, ist dabei klar. Aber generell können ein »Sich-selbst-nicht-allzu-wichtig-Nehmen« und ein »Über-eigene-Fehler-lachen-Können« in der Kommunikation und insbesondere im Konflikt mit anderen schon hilfreich sein.

So konnte unser verhinderter Zimmervermieter mit seiner »panierten« Schlussmeldung den Spieß noch umdrehen. Und letzten Endes sollte ich auch hinsichtlich Señora Rodriguez eines Besseren belehrt werden, denn selbst unter den 35000 Einwohnern von Águilas stach »the one and only« Rodriguez sofort heraus. Und siehe da, ein letztes Zimmer in einem Kämmerchen könne sie uns schon freischaufeln, meinte sie. Einzige Bedingung wäre, vor 17:00 Uhr anzukommen, denn danach würde sie gerne im Meer schwimmen gehen.

Dafür hatten wir natürlich vollstes Verständnis und radelten sofort weiter. Gleichzeitig wussten wir, Stress war immer der Türöffner für sämtliche Hoppalas. Wie sollte es diesmal also anders sein?

Angefangen mit unfassbarem Gegenwind kombiniert mit spontanen Seitenwindschüben, die einen entweder Richtung Graben rechts oder vorbeifahrende PKWs links pressten, scherzten wir zunächst noch und machten Videos. Als es dann aber bei einem LKW tatsächlich ordentlich knapp wurde, verging uns der Spaß.

Zum Glück war der Wind so schnell, wie er aufgetaucht war, wieder weg. Doch die nächste Überraschung wartete nur wenige Meter weiter. Nein, nicht Elisabeths Vorderreifen. Der hielt seit ihrem »Goldfund« durchwegs. Nun ließ aber der Hinterreifen vollständig seine Luft raus – wieder einmal in der prallen Hitze, Schatten Fehlanzeige. Mit dementsprechend »viel« Geduld und Rücksicht rissen wir das Teil aus Elisabeths

Fahrrad und wechselten den Schlauch. Das Kontrollieren des Außen-
profils überließ ich nun gleich ihr. Es dauerte nicht lange, fand sie schon
einen weiteren kleinen Dorn. Unsere Profile waren mittlerweile offenbar
so abgefahren, dass sie der permanenten Dorn-Akupunktur auf Südspa-
niens Straßen nicht mehr standhielten.

Dennoch hieß es nun, den zusammengeflickten Hinterreifen wieder
einzusetzen. In diesem Moment bereuten wir, dass wir uns zuvor nicht
genau angesehen hatten, wie das Endkonstrukt mit Kettenblatt, Kette
und Reifen wieder auszusehen hat. Das klingt freilich saublöd, denn wir
waren bald 3000 Kilometer mit unseren Drahteseln unterwegs. Trotzdem war es einfach zu lange her, dass wir das letzte Mal einen Hinterreifen wechseln mussten.

Während wir also mit Gewalt am Equipment herumhantiert hatten,
kam wie aus dem Nichts ein rustikal aussehender Spanier auf uns zu.

»Sag einmal, halluziniere ich schon?«, fragte mich Elisabeth mit glasigen Augen, als der Mann auf der vor Hitze flimmernden Straße näher kam.

»Wie eine Faaaaata Morgaaaaana, so nah und doch so feeeern«, fing
ich an, das nächste Lied der EAV zu singen.

Insgeheim dachte ich mir natürlich, wie Elisabeth auch: »Soll er sich
nehmen, was er will, wir pfeifen jetzt eh bald drauf.«

Er hingegen fragte uns nur in völlig abgeklärter Manier:

»Puedo ayudar?«, also, ob er uns helfen könne.

Obwohl weiterhin davon überzeugt, dass er nur die angeneh-
me Vorhut war und jetzt gleich der Rest seiner Truppe in einem SUV
vorbeikommen würde, um uns auszurauben, nahmen wir das Angebot
dankbar an. Und keine zehn Sekunden später war der Hinterreifen schon
wieder montiert. Wir wissen beide bis heute nicht, woher der Typ gekommen war, warum er sich dort zu Fuß herumtrieb und wie er in zehn
Sekunden etwas schaffen konnte, wozu wir seit mehreren Minuten nicht
in der Lage gewesen waren. Aber wir waren ihm unendlich verbunden

und bereuten nur, dass wir ihn unsere Dankbarkeit angesichts unserer Überforderung kaum spüren ließen. Denn so schnell, wie der Reifen eingesetzt wurde, war der ominöse Kerl wieder weg.

»Wie eine Fata Morgaaaaanaaaa, Abrakadabra und sie war nicht mehr da«, vollendete ich das Lied in meiner Trance.

»Auf was habe ich mich da nur eingelassen«, entgegnete mir Elisabeth. »Hopp auf jetzt. Wir müssen zu Señora Rodriguez!«

Aja, Señora Rodriguez wollte ja um 17:00 Uhr baden. Da hieß es nun wirklich volle Kraft voraus. Wir stiegen wieder auf die Räder, da riss mich mein eigener Ärger aus dem Wachkoma:

»Kann denn das wahr sein? So ein Sch…!«

Ja, nun war mein Hinterreifen dran. Auch hier war ein Dorn der Übeltäter. Nach unserem gewaltigen Hänger vorhin, gelang es uns nun wesentlich flotter, den Reifen wieder einzusetzen und wir konnten endlich weiterradeln.

Wir riefen ein weiteres Mal bei Señora Rodriguez an und erklärten, warum sich alles verzögern würde. Sie sagte nur, »tranquilo, tranquilo«, sie würde ja sowieso nicht wie die Touristen die ganze Zeit am Strand herumliegen. Sie wollte nur ein wenig schwimmen. Wir sollten einfach erst nach 19:00 Uhr kommen. Dann wäre sie bestimmt wieder im Quartier.

Das klang für uns zur Abwechslung erfrischend locker und humorvoll. Erleichtert konnten wir also unsere Fahrt fortsetzen.

Dass wir Elisabeths Gangschaltung zu sehr zugesetzt hatten, merkten wir beim nächsten Anstieg, als nur mehr vier Gänge funktionieren wollten. Irgendwie schaffte sie es trotzdem bis nach oben, wo sich die Stimmung augenblicklich besserte. Denn vor uns offenbarte sich das wohl schönste Panorama der gesamten Strecke. Wie wir an den Bodenmarkierungen erkannt hatten, befanden wir uns soeben auf einem Streckenabschnitt der vorjährigen Spanien-Rundfahrt.

Kurz nach 19:00 Uhr waren wir in der Pensión Rodriguez eingetroffen. Bereits die Anschrift »Camas, Chambres, Room, Raum« ließ eine authentische Mittelmeer-Erfahrung erwarten. Auch Señora Rodriguez enttäuschte uns wahrlich nicht. Nach ihrem kurzen Erfrischungsbad war sie mittlerweile wieder dabei, den Boden der gesamten Pension aufzuwischen. Vermutlich mit demselben Wischmop wie vor zwanzig Jahren. Darauf ließen zumindest Aussehen und Geruch schließen.

Wir erzählten ihr von unserer Odyssee auf diesem eigentlich kurzen Streckenabschnitt.

»Wenn man auf so eine lange Reise geht, sollte man sich da nicht zuvor mit der Technik des Fahrrads auseinandersetzen?«, stachelte sie mich augenzwinkernd an.

»Claro que sí«, war die erste Phrase, die mir einfiel. »Das haben wir natürlich gemacht. In dem Moment fiel es uns einfach nicht leicht, uns an die richtigen Schritte zu erinnern.«

Dass ich damit nicht davonkommen würde, war mir klar, denn im Zimmer angekommen, ergänzte Elisabeth gleich:

»Du weißt schon: Wenn der Spanier nicht vorbeigekommen wäre, würden wir jetzt noch dort stehen.«

»Schwachsinn! Ich war unmittelbar davor, den Reifen einzusetzen.«

»So nah, dass auch die restlichen vier Gänge ihr jähes Ende gefunden hätten?«

Von nun an wusste ich, Schweigen oder Lachen waren die einzig beiden noch verbliebenen Optionen, denn natürlich hätte ich mich viel besser mit der Technik auseinandersetzen müssen und ich war wohl nicht annähernd knapp dran, den Hinterreifen wieder flott zu kriegen. Aber gerade weil mich das selbst so sehr störte, fiel es mir unglaublich schwer, mir dies einzugestehen.

Immanuel Kant sagte einmal: »*Wer sich aber zum Wurm macht, kann nachher nicht klagen, daß [sic] er mit Füßen getreten wird.*«

Auch wenn ich mich für die Technik des Fahrrads schlichtweg kaum interessiert hatte, und stattdessen davon ausgegangen war, dass es schon funktionieren würde, wollte ich mich nicht zum Wurm machen und treten lassen. Nicht in diesem Bereich!

Im selben Moment musste ich an die Katzenhexe von Cartagena und an unseren verpeilten Wohnungsvermieter denken. Ähnlich wie bei der Anzahl an überholenden Fahrrädern wurde mir auch hier bewusst, wie schwer es mir fiel, Selbstironie und Selbstdistanz aufzubauen.

»Ich hatte damit gerechnet, dass du dir das Equipment daheim gut angesehen hast«, scherzte ich zunächst mit einem von Señora Rodriguez kopierten Augenzwinkern Richtung Elisabeth, um mir im nächsten Moment einzugestehen: »Vielleicht sollten wir uns bei unserer nächsten Reise einen Techniker als Begleitperson leisten. Der kann dann das reparieren, was ich beim Erstreparaturversuch zusätzlich zerstört habe.«

Der letzte Satz fiel mir mit Abstand am schwersten. Aber so ist es eben. »*Die schwierigste Turnübung ist immer noch, sich selbst auf den Arm zu nehmen.*« Besonders, wenn es dabei um jene Schwächen geht, die einem am unangenehmsten sind.

AUSDAUER IST (AUCH) KOPFSACHE

Courage ist gut, aber Ausdauer ist besser.
Ausdauer, das ist die Hauptsache.

Theodor Fontane

ELISABETH

An Tag 26 standen rund 130 Kilometer am Programm und wir verbrachten unseren Morgen damit, Vergleiche anzustellen. Für uns fühlte es sich mittlerweile ganz normal an, täglich von früh bis spät im Sattel zu sitzen. Unsere Tagesetappen teilten wir meist gleich zu Beginn in drei bis vier kleinere Teilstücke. Einerseits, um unser Gesäß zu entlasten und andererseits, um etwas von unserer Umgebung stehend wahrzunehmen. Diese Teilstücke bestanden aus jeweils zwei bis drei Stunden, in denen wir in die Pedale traten. Ein Zeitraum, der sich an diesem Punkt weitestgehend nach »gleich erledigt« angefühlt hatte.

Im Vergleich zu einer üblichen Sonntagsausfahrt zu Hause kam mir dies ewig vor. Scheinbar hatten wir uns sukzessive immer mehr an die etlichen Stunden auf dem Fahrrad gewöhnt, sodass diese für die Psyche nicht mehr gar so anstrengend waren.

Die ersten sechzig Kilometer bis Carboneras machten es uns besonders einfach. Herrlichste Küstenstraßen in Kombination mit leichtem Wind, der uns immer wieder abgekühlt hatte, aber nicht so stark war, dass man sich im permanenten Kampf gegen ihn befand.

Etwa zwanzig Kilometer vor Carboneras entdeckten wir ein kleines Fahrradgeschäft, wo wir kurz hielten, um neue Schläuche zu besorgen. Beim Betreten erblickten wir einen jungen, dynamischen Mann hinter dem Tresen. Agil bewegte er sich in unsere Richtung, um uns in freundlichstem Ton zu fragen, wie er uns behilflich sein könne.

»Wieso ist der denn gar so nett?«, dachte ich mir.

Wir sahen nicht aus wie die Kategorie von Kundschaft, die die teuersten und neuesten Bikes kaufen würde und trotzdem behandelte er uns wie Könige. Luis, wie uns sein Namensschild verriet, war braungebrannt und wirkte unheimlich tiefenentspannt. Vielleicht sah man so aus, wenn man den Luxus hatte, am Meer zu leben und fast täglich Sonne zu Gesicht bekam. Wir baten Luis um ein paar Ersatzschläuche und fragten ihn nach dem Kauf, ob es denn möglich sei, kurz eine Pumpe von ihm zu leihen. Noch ehe wir den Satz beendet hatten, nahm er eine zur Hand und begleitete uns mit dieser nach draußen, wo er das Aufpumpen für uns sogar übernahm.

Er fragte uns, woher wir kämen und war nach unserer Antwort zwar schon überrascht, aber nicht so sehr wie andere Personen, die wir bisher getroffen hatten. Bei ihm klang es eher wie: »Ahja, gemütliche Ausfahrt, die ihr da macht.«

Christoph fragte ihn über seinen Shop aus, woraufhin er erzählte, dass er diesen nur nebenbei führe. Eigentlich sei er Ultramarathonläufer und habe den Shop eröffnet, als er noch Triathlet und seine Kerndisziplin das Fahrradfahren war. Mittlerweile sei Fahrradfahren eher zu einem seiner Hobbys geworden, weshalb er den Store als willkommene Freizeit zwischen seinen Trainingseinheiten sehe.

Damit erklärten sich seine Freundlichkeit und diese Entspanntheit, die er in sich trug. Einem Ultramarathonläufer wird vermutlich nicht so schnell etwas zu anstrengend. Ganz abgesehen von seiner beeindruckenden mentalen Stärke. Er erzählte uns, dass er für gewöhnlich drei Mal täglich trainiere. Auf 150 Kilometer käme er laufend pro Woche bestimmt und zusätzlich würde er schwimmen, Radfahren und Krafttraining betreiben.

Ich stellte eine Milchmädchenrechnung in meinem Kopf auf: Ein durchschnittlicher Hobbyläufer braucht in etwa eine Stunde für zehn Kilometer. 150 Kilometer wären somit alleine schon fünfzehn Stunden reinen Laufens pro Woche. Ich würde wetten, dass er für die drei anderen Sportarten mindestens weitere fünfzehn Stunden investierte. An die dreißig Stunden Sport pro Woche wären dies. Ich sah Christoph an und sagte:

»Wenn er circa vier Stunden pro Tag trainiert, sportelt er schon im Alltag mindestens halb so viel, wie wir auf einer Intensiv-Radreise.«

Christoph lachte und übersetzte ihm, was ich von mir gegeben hatte.

»Vier Stunden? Manchmal wünschte ich, es wären nur so wenig. Dann würde mir nicht jeden Tag aufs Neue die Zeit ausgehen. Bis zu sechs sind es ehrlicherweise eher.«

Zusammengefasst hatten wir also einen Sportfreak vor uns, der so eine Fahrt, wie wir sie gerade machten, vermutlich viel zu monoton und langweilig fand. Aber allein die Tatsache, wie entspannt und glücklich Luis wirkte, ließ mich für einen Moment an eine Ultramarathon-Karriere denken.

Wir verabschiedeten uns von diesem strahlenden Menschen, der uns sogar zwei Trinkflaschen geschenkt hatte, und fuhren weiter nach Carboneras.

Kaum hatten wir unsere Fahrräder dort abgesperrt, liefen wir schnurstracks Richtung Wasser. Der schönste Strand, den wir hier an der Küste bisher gesehen hatten, befand sich vor uns und wir genossen die fantastische Abkühlung. Die Außentemperatur betrug knapp vierzig Grad, weshalb uns einige Passanten, nachdem wir zurück zu unseren Rädern spaziert waren, schmunzelnd gefragt hatten, ob wir denn eine eingebaute Klimaanlage hätten. Ach, wie fein wäre das gewesen.

Stattdessen setzten wir uns in ein Café, um bei einer wirklichen Klimaanlage herunterzukühlen. Ein Kellner begrüßte uns hektisch und warf uns die Speisekarten regelrecht entgegen. Als er kurz darauf wieder kam, um unsere Bestellung aufzunehmen, teilte er uns mit, dass wir ebenso etwas essen oder ansonsten wieder gehen müssten. Wir sahen uns verdutzt an und baten ihn, einen kurzen Moment zu warten und wiederzukommen.

»Bei der Hitze schaffe ich es ehrlich gesagt nicht, etwas zu essen. Wie geht's dir damit?«, fragte ich Christoph.

»Ehrlich gesagt genauso. Außerdem finde ich seine Art nicht unbedingt berauschend ... vor allem sind wir gerade verwöhnt von dem netten Umgang des Verkäufers im Radgeschäft.«

Da sprachen uns plötzlich Gäste vom Nebentisch an, die offenbar unser Gespräch mit dem Kellner mitbekommen hatten:

»Bitte nehmt das nicht persönlich. Die Mitarbeiter sind schon komplett überlastet. Sie arbeiten den ganzen Sommer sieben Tage durchgehend und haben deshalb kaum noch Energie.«

Wir unterhielten uns kurz mit ihnen und erfuhren, dass sie selbst hier lebten und hautnah mitbekamen, wie mittlerweile nahezu Dauer-Hochbetrieb herrschte. Dafür brauchte es also ebenso eine besondere Art der Ausdauer, wie wir für uns beide mitnahmen.

Zwar hatten wir Verständnis für diese Situation, da wir trotzdem keinen Hunger verspürten, gingen wir zurück zu unseren Rädern, tranken das inzwischen heiß gewordene Wasser aus der von Luis geschenkten Flasche und fuhren weiter.

Wir hatten uns vorgenommen, die darauffolgenden siebzig Kilometer mehr oder minder durchzufahren und nur einmal für eine »Wasserflaschen-Auffüllpause« stehen zu bleiben. Nachdem wieder einmal nur Schnellstraßen vor uns zu sehen gewesen waren, fühlten wir uns gezwungen, unsere Meinung zu ändern. Zudem mündete unsere Strecke nach etwa dreißig Kilometern in Mini-Gassen durch dutzende Gewächshäuser hindurch. Uns wurde ganz anders. Was wir hier sahen, waren groteske Arbeitsbedingungen und nebenbei einige Schilder, die vor bissigen Hunden gewarnt hatten. Glücklicherweise endeten diese Gassen bald darauf, zumindest für diesen Tag. Somit setzten wir uns in einem kleinen Dörfchen in die einzige Bar, die es dort gab, und tranken kühles Wasser und exzellenten Kaffee. Wir versuchten, durchzuatmen, uns auf die letzte Etappe vorzubereiten und fragten die Kellnerin in der Bar über die Straßenzustände bis nach Almería aus. Sie machte uns Mut und meinte, dass nur noch ein paar asphaltierte Hauptstraßen vor uns lägen und dass die letzten zehn Kilometer sogar auf einem Radweg entlang führen würden. Diese Aussicht ließ uns gleich wieder strahlen und so steuerten wir ambitioniert auf unsere Räder zu.

»Giiiiiibbbbbttttsss denn daaaaaaasssss?«, hörte ich Christoph plötzlich schreien, als ich schon den platten Reifen entdeckte.

Diesmal allerdings in seinem Vorderreifen. Er atmete tief durch und packte unser Reparatur-Kit aus.

»Zumindest haben wir ein paar neue Schläuche«, meinte er schon wieder ganz gelassen.

Nach ein paar vielbefahrenen Straßen, fanden wir uns auf dem versprochenen Radweg wieder und genossen einen himmlischen Sonnenuntergang neben dem Meer. Vor uns waren zwei Rennradfahrer, an deren Tempo wir uns anhängten. Sie ließen sich zurückfallen, fuhren neben uns weiter und wir fingen rege zu plaudern an.

Wir erzählten ihnen von unserem Vorhaben, das sie extrem toll fanden. Sie selbst hatten im vergangenen Jahr schon ein großes Teilstück des Jakobsweges mit dem Fahrrad absolviert und konnten gut nachempfinden, wie herausfordernd und wunderschön zugleich jeder einzelne Tag sein konnte.

Nachdem wir uns einige Zeit nett unterhalten hatten, beschlossen wir, gemeinsam Abendessen zu gehen. Deshalb eilten Christoph und ich zu der Jugendherberge, die wir für diese Nacht gebucht hatten, erholten uns kurz und marschierten dann in die Stadt, um die Tapas-Bar zu suchen, in der wir uns verabredet hatten.

Wir verbrachten einen fabelhaften Abend mit Clara und Juán, die uns unter anderem erzählten, dass sie täglich gemeinsam mit dem Rennrad unterwegs waren. Begonnen hatte es ursprünglich mit dem Neujahrsvorsatz vor einigen Jahren, mehr Sport zu treiben. Als sie sich aber beweisen wollten, dass sie dieses Ziel im Gegensatz zu ihren Kollegen nicht nach ein paar Wochen wieder über Bord werfen würden, vereinbarten sie, sich fünf mal pro Woche für zumindest eine Stunde auf das Rennrad zu setzen. Mittlerweile wollten sie es jedoch an keinem Tag mehr missen und waren sich einig: Ein guter Vorsatz ließ sie starten, Durchhaltevermögen und Ausdauer lässt sie bis heute daran festhalten.

IM PRINZIP ...

Those are my principles, and if you don't like them … well, I have others.

Groucho Marx

Ich habe eiserne Prinzipien. Wenn sie Ihnen nicht gefallen, habe ich auch noch andere.

CHRISTOPH

Während uns am Anfang oft der Wille gefehlt hatte, uns intensiv mit der bevorstehenden Strecke auseinanderzusetzen, mangelte es uns mittlerweile schlichtweg an Zeit und Kraft.

Gleichzeitig hatten wir uns auf keinen Streckenabschnitt so gefreut wie auf die Südküste Spaniens. Die Abfahrten vor Águilas und Almería waren ein schöner Vorgeschmack. Nun, im weltberühmten Andalusien könne »la gran final« kommen, dachten wir. Der Tagesplan war demnach, schnurstracks das Meer entlang zu radeln und dabei den kürzesten Weg von Almería nach Salobreña zu finden, ohne uns allzu sehr mit Satellitenansichten oder ähnlichem zu beschäftigen.

Die ersten Kilometer aus Almería hinaus bis nach Aguadulce waren tatsächlich der reinste Radlertraum. Was danach folgte, hätten wir aber in einer der touristischsten Regionen Europas nicht für möglich gehalten.

Bereits die letzten beiden Tage führte unsere Radstrecke zunehmend durch Gewächshäuser, die eine ganz eigene Stimmung mit sich brachten. Nach wenigen Kilometern führten unsere Wege jedoch in der Regel wieder auf Hauptstraßen zurück.

Nun breiteten sich hingegen völlig neue Dimensionen vor uns aus. Im sogenannten »Mar de Plástico«, also dem Plastikmeer, wird auf mehr als 30000 Hektar jenes Obst und Gemüse angebaut, das wir in

Mitteleuropa in den Wintermonaten bis vor die Haustür geliefert bekommen. Was hier stört, ist weniger das Plastik der Gewächshäuser, selbst wenn dieses grässlich aussieht und die Umwelt belastet. Es sind auch nicht primär die langen Transportwege bis in unsere Supermärkte. Das wirklich Groteske hier sind die slumartigen Verhältnisse, in denen die Arbeiter hausen. Praktisch allesamt Einwanderer, teils mit Papieren, teils ohne.

Ich neige ja zu Übertreibungen, aber was ich hier gesehen hatte, kannte ich bis dato tatsächlich nur aus Teilen Indiens, Afrikas und Südamerikas. Endlose Reihen weißer Gewächshäuser, durchzogen von engen, sandigen Gassen, durch die zumindest an all jenen Tagen, an denen wir sie querten, der Wind pfiff und alles aufwirbelte. Dazwischen Baracken, die mit Paletten zusammengeschustert und lediglich mit Plastikplanen überdacht waren. Hier hausten die Arbeiter, sofern sie nicht eine leerstehende Hütte eines ehemaligen Bauern in Beschlag nehmen konnten. Dort mussten sie das Ziegelwerk wiederum mit zahlreichen anderen teilen. Kanalisation und fließendes Wasser gab es in der Regel nicht. Die Bewohner zapften daher meist die Bewässerungsanlagen der Obst- und Gemüsefelder an, wodurch ein wildes Flickwerk entstand. Oder sie nahmen sich Tonnen, in denen sich davor giftige Spritzmittel befanden, um Wasser zu sammeln. Das konnten wir an den Aufschriften erkennen.

Zu der Zeit, als wir die Gewächshäuser passierten, war die Stimmung wohl noch düsterer, da eine Vielzahl von ihnen leer stand. Trotzdem kamen uns vereinzelt Arbeiter auf ihren fast auseinanderbrechenden Rädern entgegen.

Es fühlte sich elendig an, wie wir mit unserem Top-Equipment an ihnen vorbeiradelten, einzig und alleine damit beschäftigt, uns persönliche Erfüllung zu verschaffen, während sie wohl gerade auf der Suche nach unterbezahlter Arbeit waren.

Wenn wir schon in diesem Moment kaum etwas gegen diese Zustände unternehmen konnten, wollten wir zumindest etwas mehr über die Hintergründe in Erfahrung bringen, denn wir konnten einfach nicht begreifen, wie derartige Zustände in Europa möglich waren, noch dazu nur wenige hundert Meter von Traumstränden mit Luxushotels entfernt.

Also gingen wir in der Ortschaft El Ejido, die das Zentrum der sich kontinuierlich vermehrenden Gewächshäuser bildete, in eine Bar, in der Hoffnung, uns dort ein halbwegs objektives Bild machen zu können.

Zunächst war unser Vorhaben von nicht allzu viel Erfolg gekrönt. Der Barkeeper, den wir fragten, wie lange es hier schon so aussehe, antwortete nur kurz mit »schon einige Jahre«. Die Personen neben uns am Tresen wollten auch nicht so recht in das Thema einsteigen. Einzig einer meinte, »es wären zu viele«, womit er höchstwahrscheinlich auf die Anzahl der Zuwanderer anspielte. Wenig später kam der Barkeeper jedoch zu uns zurück und verwies uns an einen Kerl, der gerade bei der Tür hereingekommen war. Er würde für eine NGO arbeiten.

Elisabeth und ich waren stets bemüht, alle Blickwinkel einer Angelegenheit zu betrachten. Ein simplifiziertes Bashing der Reichen war uns genauso zuwider wie eine rein ökonomisch-effiziente Betrachtungsweise.

In diesem Fall hatten wir die Übeltäter allerdings eindeutig bei den Besitzern der Felder ausgemacht. Überraschenderweise belehrte uns gerade der Mitarbeiter von »Ärzte ohne Grenzen«, Andrés, eines Besseren. Denn es handle sich hier um einen viel komplexeren Teufelskreis.

»Natürlich gibt es eine Vielzahl an Bauern, welche die Arbeiter wie Sklaven behandeln, sie weit unter dem, was ihnen zusteht, bezahlen und sie bei der erstbesten Gelegenheit, zum Beispiel einer Krankheit, fallen lassen«, erklärte er uns. »Die Bauern stehen allerdings von den Discountern und internationalen Marktpreisen genauso unter Druck. Meist haben sie hohe Kredite für ihre Gewächshäuser aufgenommen, die sie abbezahlen müssen.«

Nichtsdestotrotz war uns nicht klar, warum sich niemand querstellte. Für »Ärzte ohne Grenzen« müsse das ja ebenso unerträglich sein.

»Es wird an allen Fronten probiert, aber meist mangelt es an Ressourcen. Es gibt etwa eine eigene Polizeistreife, die jene Bauern straft, die Arbeiter unangemeldet bei sich beschäftigen. Das sind halt nur ein knappes Dutzend Polizisten. Es gibt auch eine Gewerkschaft. Doch keiner traut sich, zu ihr zu gehen, weil alle Angst davor haben, ihren Job zu verlieren. Angesichts des hohen Zustroms an Arbeitern wissen sie, entweder sie akzeptieren diese Bedingungen oder es macht ab morgen jemand anderer.«

Als »Ärzte ohne Grenzen« würden sie ihr Bestmögliches versuchen, um die akuten Krankheiten der Arbeiter zu behandeln. Oft wären das banale Dinge wie Zahnschmerzen, immer wieder jedoch schwerwiegendere physische Verletzungen, die auf den Einsatz von chemischen Substanzen in den Gewächshäusern zurückzuführen seien und für deren Behandlung die Arbeiter natürlich kein Geld hätten.

Besser fühlten wir uns nach diesem Gespräch zwar nicht, trotzdem hatte es uns geholfen, die komplexe Thematik besser zu verstehen. Wir bewunderten Andrés' Einsatz für die ausgebeuteten Arbeiter, wussten zu diesem Zeitpunkt aber noch nicht, welchen Schluss wir für uns daraus ziehen und vor allem was wir selbst tun konnten.

Fast fünfzig Kilometer dauerte es, bis wir in Adra das Meer an Gewächshäusern hinter uns ließen, selbst wenn die Plastikfelder, etwas besser versteckt, weiterhin vereinzelt auftauchten. Mehr als sechzig weitere Kilometer standen uns bis Salobreña bevor. Nun fing die feine, autobefreite Küstenstraße an, auf die wir uns so gefreut hatten. In diesem Moment fiel es uns freilich schwer, Freude zu empfinden.

Insbesondere unser kurzer Wasserstopp in Castell de Ferro stimmte uns erneut nachdenklich. Castell de Ferro war zwar ein hübsches andalusisches Städtchen, aber auch hier befanden sich unmittelbar hinter den Hotels Gewächshäuser. Als wir am Strand Wasser gekauft hatten und neben uns in den Restaurants einige Menschen mit Bergen von Essen am Tisch sahen, konnten wir nicht anders, als an Brechts »*Erst kommt das Fressen, dann kommt die Moral*« zu denken. Freilich hatten wir vor einigen Tagen selbst gepredigt, man müsse den Tag genießen und sich immer wieder etwas gönnen. Es wäre natürlich scheinheilig zu sagen, man dürfe in Valencia, kilometerweit weg von den Gewächshäusern, reinhauen, bis der Ranzen platzt und in Castell de Ferro, unmittelbar neben diesen Plastikfeldern, gar nichts essen.

Dennoch waren wir mit unseren Gefühlen schlichtweg überfordert.

Nach den intensiven 126 Kilometern erreichten wir kurz vor Sonnenuntergang unsere Unterkunft, die Pension Mari Carmen. Völlig erschöpft läuteten wir an und warteten zunächst eine knappe Minute. Dann öffnete uns eine ältere, fest gebaute Dame, aus deren freundlich lächelndem Mund nur ein Zahn glänzte. Nicht zuletzt deshalb fiel es mir nicht ganz leicht, ihr Spanisch zu verstehen.

Ich versuchte ihr mehrmals zu verdeutlichen, dass wir ein Zimmer gebucht hatten und nach dem langen Tag bitte nur dorthin wollten. Sie sprach allerdings kontinuierlich davon, dass »mi hija«, ihre Tochter, gerade nicht hier wäre. Um sie zu treffen, sollten wir einfach den Berg erneut runter, dort links bis wir bei drei Mistkübeln anstünden, wo ein Arzt anzutreffen sei, und dort sollten wir dann wieder rechts abbiegen. Bevor sie weiterreden konnte, bat ich sie bereits etwas ungeduldig, mir einfach die Adresse zu geben. Sie meinte hingegen, »dirección, no, escucha, te explico«. Die Adresse würde ich also nicht brauchen, ich solle ihr vielmehr einfach zuhören, sie würde es mir schon erklären.

Die uns leicht verwirrt erscheinende Dame, so liebenswert sie war, brachte mich schon fast in Rage, als sie uns doch anbot, ihre Tochter anzurufen. Dies taten wir sofort, jedoch zweimal ohne Erfolg.

Nun erkannte die Mutter von Mari Carmen, dass es Zeit war, zu handeln. Ein Zimmer sei oben frei. Sie wisse aber nicht für wen, da ihre Tochter zwei Häuser verwalte, eines hier am Berg und eines unten in der Stadt. Welches für uns gebucht sei, könne sie nicht eruieren. Wir sollten jetzt einfach das Zimmer hier nehmen. Schließlich hätten wir bestimmt einen langen Tag gehabt.

Nun hatten wir uns also verstanden. In der Rolle der Dame, die uns Zutritt gewährte, völlig ausgewechselt, bot sie uns an, unsere Taschen in den ersten Stock zu tragen, was wir nicht zuletzt angesichts ihrer Gebrechlichkeit sofort ausschlugen. Aber zumindest für die Räder würde sie gerne im Wohnzimmer Platz machen und aufpassen, dass diese nicht zu Schaden kämen.

Im Zimmer angekommen, dauerte es keine zehn Minuten, bis die Tochter in der Pension eintraf und mit ihrer Mutter zu streiten begann. Durch die dünnen Wände konnten wir jedes Wort hören. Das Zimmer sei für jemand anderen reserviert gewesen, den sie gerade hierher gebracht hätte. Jetzt müsse sie diese Gäste wieder runterschicken.

Was Mari Carmens Mutter dann sagte, so simpel und gleichzeitig so bestärkend, konnten wir selbst kaum glauben:

»Pero te han llamado dos veces.«

Wir hätten sie ja zwei Mal angerufen. Damit war die Sache für sie erledigt.

Ich ging hinunter, um mich für die Komplikationen zu entschuldigen. Doch sie entgegnete mir in aller Ruhe:

»Tú tranquilo«, du bleib erst einmal ganz entspannt. »Hätte sie abgehoben, dann hätte sie das Ganze selbst lösen können.«

Ich konnte kaum glauben, wie sie sich plötzlich gegen ihre Tochter und für uns einsetzte, obwohl scheinbar wir das günstigere Zimmer unten in der Stadt gebucht hatten und daher wechseln hätten müssen.

Augenblicklich hatte ich ein schlechtes Gewissen, dass ich sie vorhin in der generellen Überanstrengung fast angegangen war. Daher wollte ich mich mit den Worten, dass uns dieser Tag mit den Gewächshäusern und der Anstrengung überfordert hatte, entschuldigen.

Doch auch hier hatte sie wieder rührende Worte parat:

»Was dort passiert, ist fürchterlich. Ihr nehmt euch das wenigstens zu Herzen. Die meisten Touristen legen sich direkt daneben hin und scheren sich überhaupt nicht darum. Die zwei, die euer Zimmer hätten bekommen sollen, waren bestimmt genau solche. Also besser, dass ihr nun da seid.«

Bevor mir in Kürze die Tränen aus den Augen gekullert wären, bedankte ich mich bei ihr und ging wieder zu Elisabeth ins Zimmer.

Ein weiteres Mal wurde uns Lob zuteil, das wir, unserer Wahrnehmung nach, gar nicht verdient hatten. Zwar ging uns die Lage dort sehr nahe, konkret unternommen hatten wir hingegen nichts. Ich war schließlich der Erste, der im Winter Tomaten kaufte, weil er nicht darauf verzichten wollte, obwohl ich mich gleichzeitig über lange Transportwege und schlechte Arbeitsbedingungen beschwerte. So viel zu meinen eisernen Prinzipien.

Vielleicht brauchte es genau diese Vorschusslorbeeren von Mari Carmens Mutter, um letztendlich wachgerüttelt zu werden. Denn von dem Moment an beschlossen wir, nun wirklich kein Obst und Gemüse mehr aus Spanien zu kaufen. Dies löst natürlich nicht die Probleme der ausgebeuteten Arbeiter, die nach Beschäftigung suchen. Aber man unterstützt zumindest den für alle schädlichen Preiskampf nach unten nicht weiter.

Generell vereinbarten wir mehr darauf zu achten, wie die Herstellung der Lebensmittel, die wir kaufen, vonstattengeht. Südspanien steht hiermit schließlich nicht alleine da.

Ein gern strapaziertes Sprichwort besagt: »*Charakter ist das, was vom Menschen übrig bleibt, wenn es unbequem wird.*« Selbst wenn wir uns also nicht wie Andrés in die Felder begeben, um uns um die Krankheiten der Arbeiter zu kümmern, können wir zumindest diesen minimalen Schritt setzen.

Diesmal schworen wir uns jedoch, dieses Umdenken tatsächlich als eisernes Prinzip zu verfolgen.

DIE WELT DURCH KINDERAUGEN SEHEN

Todos los niños nacen artistas, lo difícil es seguir siendo un artista cuando crecemos.

Pablo Picasso

Als Kind ist jeder ein Künstler. Die Schwierigkeit liegt darin,
als Erwachsener einer zu bleiben.

ELISABETH

»Buenos díííaaaaassss«, hörten wir eine aufgeweckte Kinderstimme am Gang erklingen.

»Buenos díííííaaaaassss«, flüsterte ich Christoph daraufhin im selben Tonfall ins Ohr.

Er sah mich müde an und sagte im Scherz etwas heiser:

»Und ich dachte, wir hätten noch keine Kinder.«

Ich muss gestehen, dass das Kind in mir oftmals stärker zum Vorschein kommt als die erwachsene Elisabeth. Irgendwie habe ich mich einfach nicht damit abgefunden, dass ich zu alt für »Kind sein« bin. Hin und wieder kann ich schmollen … also wenn meine Größe von 1,74 Metern nicht offensichtlich dagegenspräche, könnte man denken, eine störrische Dreijährige stünde vor einem und wolle ihr Spielpferdchen zurück. Nur wenige Sekunden nach einer solchen Trotzphase, bin ich allerdings wieder aufgeweckt am Lachen und die Welt ist für mich ein großes Abenteuer, bei dem es gilt, jede Sekunde bestmöglich auszukosten. Dabei ist mir natürlich bewusst, dass es eher Naivität als Positivismus ist, aber ist es nicht gerade das, was ein Kinderleben farbenfroher macht als das eines Erwachsenen?

Ein »erwachsener Erwachsener« kann zwar mit Kindern spielen und so tun, als würde er die imaginären Fantasiefiguren ebenso sehen. Ein

»kindlicher Erwachsener« sieht sie hingegen wirklich beziehungsweise möchte sie einfach sehen.

Viel zu oft ist man im Alltag gefangen und findet nichts Positives darin. Zum einen, weil man keine Kraft mehr hat, nach den positiven Dingen zu suchen und zum anderen, weil es einfacher ist, die tägliche Routine beizubehalten.

Ich schließe mich hier nicht aus. Häufig erlebe ich Morgen, an denen ich aus dem Fenster blicke und mir denke: Hoffentlich geht dieser Tag bald zu Ende.

Ist das nicht irgendwie fürchterlich?

Steht ein Kind auf, will es meist nur eines: erleben, erleben, erleben. Wenn es fürs Erste genug davon hat, will es essen und trinken. Kaum hat es den letzten Bissen im Mund und den Rest des Essens am ganzen Körper kleben, will es wieder etwas Neues erleben. Die Möglichkeiten scheinen unbegrenzt – genauso wie die Fantasie.

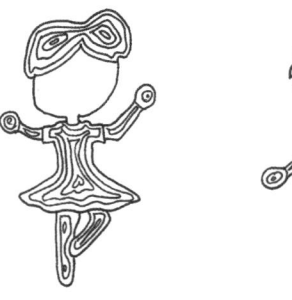

Als ich das spanische Kind, das zuvor am Gang vorbeigelaufen war, vom Balkon aus nochmals auf der Straße erblickte, während es gerade trinkend, essend und spielend gleichzeitig seinen Eltern davonlief, ging meine Fantasie mit mir durch. Zum Glück ist Christoph in seinem Kopf mindestens genauso verrückt, weshalb er ganz Ohr war.

Ich wollte nämlich ein Spiel spielen. In diesem Fall allerdings kein Spiel für Erwachsene. Christoph war nach dieser Klarstellung zunächst einmal geknickt, aber seine Gefühle gingen in meinem Redeschwall schon längst unter. Ich wollte mit ihm einen ganzen Tag lang versuchen, alles, was wir erlebten, durch die Augen eines Kindes zu sehen. Nach dem vorangegangenen Tag war es genau das, was wir gebraucht hatten.

Die ersten 36 Kilometer über Almuñecar bis Nerja, die von vielen Höhenmetern und extremer Hitze geprägt waren, formten wir in ein Wettrennen nach dem anderen um und versuchten uns sogar im »Fangen spielen« auf dem Fahrrad. Tatsächlich hätte es nur ein einziges Mal beinahe in einem großen Verkehrsunfall geendet. Selbst der Erwachsene in uns war darüber überrascht.

In Nerja angekommen, suchten wir nach einem Café. Kriterien: bunt, im besten Fall sichtbare Spielzeuge und natürlich Kaffee, für die sehr frühreifen Kinder. Gefunden hatten wir allerdings lediglich ein kleines holländisches Lokal, in dem zumindest ein Motorrad als Dekoration neben der Bar stand.

»Gilt als Spielzeug«, beschlossen wir.

Wir bestellten Kaffee sowie einen überaus leckeren Apfelkuchen und genossen das herrliche Wetter.

»Wir wissen beide, dass wir unserer Realität gerade entfliehen möchten, oder?«, fragte mich Christoph schmunzelnd und zugleich hoffend, dass ich nicht gerade dabei war, komplett durchzudrehen.

»Keine Sorge. Glasklar wie die Tatsache, dass ich meine Stützräder am Fahrrad nicht mehr brauche und wir sie nachher abmontieren können.«

Er sah mich ängstlich an und ich musste lachen.

»Natürlich nur ein Scherz, du Spießer.«

Die restlichen Kilometer bis Málaga fuhren wir weitestgehend in einem durch. Auf der Autobahn, die bis in die Stadt führte, versuchten wir uns vorzustellen, wir wären Formel-1-Fahrer und die tausenden Menschen, die uns permanent vors Fahrrad liefen, wurden zu Hindernissen umfunktioniert, die es galt, so schnell wie möglich zu umfahren. Ein paar nicht ganz so kinderfreundliche Schimpfwörter sind uns aber doch einige Male über die Lippen gekommen.

Wir suchten das gebuchte Apartment, um unsere Räder abzustellen, uns frisch zu machen und anschließend Málaga zu entdecken. Wir waren schon im Jahr zuvor gemeinsam hier gewesen und Málaga ist mit Sicherheit eine von vielen Städten, in welchen wir es nie schaffen würden, gemütlich drinnen zu bleiben.

Sabino empfing uns an der Tür und führte uns ins Zimmer. Er war ursprünglich aus Italien und vor wenigen Monaten wegen des Studiums hierher gekommen. Sofort schien er zu vernehmen, dass wir außergewöhnlich lustig waren und fragte uns schmunzelnd:

»Drogen oder gute Laune?«

»Da sind wir uns nicht mehr so sicher«, meinte Christoph lachend, um direkt danach zu ergänzen, dass er generell keine Drogen konsumiere und dies auch zukünftig nicht am Plan stünde.

Sabino fragte uns, woher wir solch gute Laune hätten, denn er könne gerade welche gebrauchen. Christoph erzählte ihm leicht verlegen von unserer »Kinderaugen-Challenge« für diesen Tag, die Sabino sichtlich so toll fand, dass er uns fragte, ob er mitspielen dürfe. Schließlich hätte schon Málagas Aushängeschild Pablo Picasso gewusst, dass man nur mit Kinderaugen ein wahrer Künstler sein kann.

»Drogen oder verrückt?«, fragte ich ihn und erhielt die Antwort:

»Ich wünschte, es wären Drogen.«

Mit »Drüber, drunter, rein und raus – fertig ist die Schleifenmaus« schnürten wir die Schuhe und stürmten regelrecht nach draußen. Natürlich weiterhin ganz unter dem Motto: Kinderaugen sehen schöner.

Wir starteten in einer Tapas-Bar, wo wir wilde Kombinationen bestellt hatten, und spazierten anschließend durch die Straßen, in denen wir ein paar Bierchen und einen Cocktail zu uns nahmen. Schließlich wollten wir ja nur mit Kinderaugen sehen und nicht wie Kinder essen und trinken. Es gab Grenzen.

Sabino zeigte uns seine liebsten Plätze, darunter seine präferierte Churrería, in der wir die weltbesten Churros gemeinsam mit Eis verspeisten. Nachdem wir auf dem Heimweg bei einem Imbiss einige Jahrtausende alte Gummizuckerl gekauft und gegessen hatten, war uns übel genug, um Ruhe einkehren zu lassen.

»Kinder gehen ja auch früh schlafen«, meinte Sabino.

»Vermutlich nicht so früh wie wir«, warf Christoph ein.

»Wir sind einfach schon alt«, musste ich ergänzen und stieß dabei nicht auf Widerspruch.

Alt ... da war sie also wieder, die Realität.

Christoph und ich sprachen im Bett über die Eindrücke des Vortages, die grotesken Arbeitsbedingungen und politisierten bis tief in die Nacht hinein.

Kurz bevor wir einschliefen, sahen wir uns an und er grinste vor sich hin:

»War echt ein lustiger Tag.«

»Absolut! Und weißt du, was besonders toll war? Dass wir Sabino so gut kennengelernt haben und dass scheinbar nicht nur wir Lust darauf haben, von Zeit zu Zeit einfach mal wieder Kind zu sein«, erwiderte ich, bevor wir wie Babys einschliefen.

DINGE NEU DENKEN

The best way to predict the future is to invent it.

Alan Kay

Die Zukunft kann man am besten voraussagen,
wenn man sie selbst gestaltet.

CHRISTOPH

Málaga war für uns die ganze Fahrt über ein besonderes Ziel, denn von hier war es tatsächlich nicht mehr weit bis zum heiß ersehnten afrikanischen Kontinent.

Unsere Erwartungshaltung hinsichtlich der Streckenführung hatten wir nach den Gewächshäuser- und Schnellstraßen-Erfahrungen heruntergeschraubt. Auch für diesen Tag mussten wir uns, trotz Abwägung verschiedener Optionen, auf viel befahrene Straßen einstellen. Elisabeths spielerischer Ansatz, wieder verstärkt die kleinen Freuden im Leben zu suchen, half uns in jedem Fall, bei guter Laune zu bleiben.

Während der Ausfahrt aus Málaga wurde unser Nervenkostüm auf vierspurigen Fahrbahnen gleich wieder auf die Probe gestellt. Ab dem Flughafen am Rande der Stadt konnten wir zumindest nur mehr von zwei Spuren aus angehupt werden. Dies geschah allerdings relativ häufig, weshalb wir in Fuengirola über eine kurze Pause erfreut waren.

Das Hupverhalten war generell eine Sache für sich. Aus dem Volksmund wussten wir: Je weiter man in den Süden kommt, desto mehr wird gehupt. Dabei steigt freilich die generelle Aggressionskurve im Süden parallel zur Hupkurve an. Was uns dabei besonders faszinierte: Dieses »Nord-Süd-Gefälle« tritt nicht nur in der Betrachtung von Gesamteuropa auf, sondern in jedem Land aufs Neue. Während wir etwa auf den Straßen in Südfrankreich schon völlig niedergehupt und zusammengeschnitten wurden, war der Umgang mit uns in Nordspanien zunächst erneut von Respekt gekennzeichnet. Ab spätestens Alicante war es damit wieder vorbei. Wir waren daher gespannt, ob uns im Norden Marokkos ein ähnliches Phänomen erwarten würde.

In Fuengirola wollten wir unseren Halt jedenfalls für ein rasches »Aufladen« mit möglichst authentischen spanischen Frühstücks-Tapas nutzen. Nachdem sich die Speisekarten in den aneinandergereihten Bars auf den ersten Blick geähnelt hatten, gingen wir bei der Auswahl nach dem Charme der Einrichtung. Und wie es der Zufall so wollte, landeten wir gleich beim nächsten Holländer.

»Im Lotto gewinnen wir zwar nie. Dafür erwischen wir von höchstwahrscheinlich zwei Holländern an der gesamten Costa del Sol per Zufall beide«, scherzte Elisabeth.

»Entweder zieht uns ihre Radfahrer-Aura an oder sie verstehen es tatsächlich, ihre Cafés stilvoller einzurichten.«

In der Tat waren alle Bars rundherum völlig ident, während hier gemütliche Couches mit Deko aus der ganzen Welt auf uns warteten. Wir schlenderten langsam durch das Lokal und begutachteten die einzelnen Kunstwerke, als uns ein Mann vor einem besonders auffallenden Akt-Gemälde von der Seite ansprach:

»Gefällt es euch?«

»Naja, gefallen … Es ist schon speziell.«

»In unserer Wohnung würden wir es vermutlich nicht aufhängen«, ergänzte Elisabeth.

»Naja, eventuell statt dem Klo-Kalender«, scherzte ich weiter.

»Welchen? Den, den wir seit drei Jahren kaufen wollen?«, fragte sie mich dabei provokant.

»Was meinen Sie dazu?«, bat ich den Mann um seine Einschätzung und ignorierte Elisabeths Meldung gekonnt.

»In der Regel ist man ja bei seinen eigenen Werken am kritischsten. In diesem Fall macht ihr es mir jedoch nicht leicht, denn am Klo würde ich meine Gemälde nicht aufhängen.«

Mein Gesicht wurde augenblicklich rot wie eine Tomate.

»Ihr seid also wohl eher 0815-Kunstliebhaber, wenn ich das richtig verstehe?«

Während ich mit Füllwörtern um mich schlug, um einer konkreten Antwort auszuweichen, entgegnete Elisabeth direkt:

»Wir mögen natürlich moderne Kunstwerke. In unserer Wohnung setzen wir allerdings eher auf klassische Gemälde. Spätestens nach diesem Gespräch sollten wir aber definitiv über etwas Neues nachdenken.«

»Das sagst du jetzt nur meinetwegen, oder?«, erwiderte der Künstler. »Ich habe trotzdem schon oft bemerkt, dass Gäste gerade in diese Bar kommen, weil sie nach etwas Neuem suchen. Auf der Karte gibt es nicht nur spanische Tapas, sondern auch holländische Köstlichkeiten. An der Wand wiederum hängen nicht – wie im Rest Spaniens – Stier-Bilder, sondern auffällige Kunstwerke.«

Keine Sekunde hätte ich ihm widersprechen können. Wir selbst waren ja von dem andersartigen Flair angezogen worden. Dennoch versuchte ich, diese peinliche Situation mit einem Scherz abzurunden:

»Leider darf ich mir zu Hause nur Akt-Gemälde von einer bestimmten weiblichen Person aufhängen.«

»Na wenn das so ist. Ich hab den ganzen Vormittag Zeit. Vielleicht möchtest du mal baden gehen, während ich dieses Gemälde anfertige.«

»Zu gerne würde ich das Angebot annehmen, allerdings werden wir es am Fahrrad kaum transportieren können«, half mir Elisabeth ein weiteres Mal aus der Patsche.

Der Mann war in der Tat beeindruckend. Dabei waren es weniger seine Werke, die mich fasziniert hatten, sondern vielmehr die Art und

Weise, wie er dafür eintrat, Dinge anders zu machen. Zweifelsohne konnte man sich von diesem Mut ein Scheibchen abschneiden.

Für uns ging es nach der Pause wenig neuartig weiter. Einzig und allein die Villen wurden zunehmend größer, wodurch wir wussten, dass Marbella nicht mehr weit weg sein konnte. Nach vier Hügeln voller Auf- und Abfahrten freuten wir uns, dass Google Maps für die letzten zehn Kilometer in die Stadt hinein einen Weg direkt am Strand entlang angezeigt hatte.

»So nah am Wasser konnten wir überhaupt noch nie fahren«, frohlockten wir zunächst.

Am Meer angekommen, erfuhren wir den Grund. Sofern wir keine Zauberkünstler waren, die sich in mehreren Zentimeter tiefem Sand zwischen den aufgefädelten Strandtüchern durchbalancieren konnten, gab es hier keinen Weg.

Somit hieß es zurück zur Schnellstraße. Darauf war mittlerweile das Fahrradfahren laut Aufschrift verboten, wohl nicht zuletzt deshalb, weil kein Pannenstreifen mehr vorhanden war. Mit strapazierten Nerven marschierten wir in eine Raststation und baten um Tipps zur Weiterfahrt:

»Mit dem Fahrrad nach Marbella? Zu einer Uhrzeit, an der all die Betrunkenen vom Strand heimfahren? Würde ich mir zweimal überlegen«, waren die ersten Worte einer Dame hinter dem Buffet der Kantine.

Unsere Motivation, weiterzufahren, sackte nun endgültig in den Keller.

»Ich bin früher selbst mit dem Rad in die Arbeit gekommen. Zeitig in der Früh hin und spät am Abend zurück, wenn kein Verkehr ist. Aber selbst das ist mir mittlerweile zu gefährlich geworden«, setzte sie fort. »Alle haben ein Auto. Daher gibt es außer der Schnellstraße keine Wege in die Stadt.«

Wir konnten es kaum glauben. Eine der reichsten Strandmetropolen war nicht in der Lage, Radfahrern die Einfahrt in die Stadt zu ermöglichen.

»Aber ihr könnt es schon riskieren. Bleibt halt ganz rechts an der Leitplanke. Quasi entlang der Bodenmarkierung.«

Genauso kämpften wir uns unter Dauergehupe in die Stadt hinein, wo ich völlig geladen schnurstracks auf einen Polizisten zuging. Doch auch er bestätigte, dass es schlicht und ergreifend nur die N-340 – also die Schnellstraße – gebe. Falls wir vorhätten, dort zu fahren, sollten wir jedenfalls gut aufpassen.

Mit bestem Dank für den hilfreichen Tipp fuhren wir noch angewiderter weiter.

»Das können die lokalen Radler hier ja nicht einfach hinnehmen!«, fluchte ich weiter vor mich hin.

»Wir brauchen sowieso neue Schläuche. Gehen wir in einen Bike Store und fragen nach.«

Zu unserer Enttäuschung hörten wir auch hier nur, dass den meisten Touristen der kurze Radweg von Marbella bis Puerto Banús für den Erholungsurlaub reichen würde. Weitere Forderungen von lokalen Radlern würden die Stadtverwaltung daher nicht interessieren.

Wir waren bereits dabei, das Geschäft mit gesenkten Köpfen zu verlassen, da rief uns der Besitzer etwas nach. Als wir uns umdrehten, stand er mit einer Schwimmnudel in der Hand vor uns. Wollte er unsere Stimmung mit Aquafit in Marbella aufbessern?

»Es klingt vielleicht etwas blöd, aber ich habe aufgehört, mich davon entmutigen zu lassen, dass die lokale Politik nicht auf uns reagiert. Vielmehr mache ich mir einen Spaß daraus und binde mir diese Schwimmnudel hinten auf mein Fahrrad, so dass mich Autos mit mindestens 1,5 Meter Abstand überholen müssen. Ihr könnt euch gar nicht vorstellen, wie die ausrasten.«

Sein Ansatz begeisterte uns. Statt im Frust über die Untätigkeit der Behörden unterzugehen, stellte er sich die Frage, wie er persönlich

Autofahrer dazu bekommen könnte, mit mehr Abstand zu überholen. Und mit der Schwimmnudel fand er für Marbella den wohl ironischsten Ansatz. Selbst wenn ihn jemand anfuhr (was ihm laut seinen Angaben bisher nie passiert war), geschah weder ihm, noch dem Auto etwas und trotzdem war die Botschaft klar.

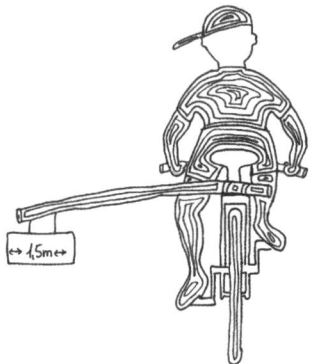

So kämpften wir uns ab Puerto Banús einmal mehr ohne Pannenstreifen durch den Abendverkehr. Das Fahrverhalten der Autofahrer wurde selbstverständlich nicht freundlicher. Sämtliche Ausweichversuche endeten wiederum entweder in Sackgassen oder vor Höfen, auf denen uns Hunde entgegenliefen und zur Umkehr zwangen.

Ein paar Kilometer vor unserem Tagesziel brachte uns ein letzter Umfahrungsversuch jedoch zu einer weiteren spannenden Begegnung. Eigentlich wollten wir nur nach dem Weg fragen, da stießen wir auf die Aufschrift »agricultura ecológica«. Ökologische Landwirtschaft erschien mir für diese Region so untypisch, dass ich nachfragen musste.

»No, no, ya hay muchos«, klärte mich der Landwirt auf, dass die Bio-Bauern in Andalusien mittlerweile eine Vielzahl waren.

Sie alle versuchten, Ackerbau wieder umweltverträglich und fair aufzuziehen und wussten dabei, dass es nötig war, den Anbau wieder anders zu denken, wenn sie auch in ein paar Jahren noch Landwirtschaft betreiben wollten.

»Natürlich ist es nur in den besten Zeiten möglich, in den Super-märkten zu den Billigkonditionen zu konkurrieren. Dennoch finden wir stets genügend Abnehmer für unsere Bio-Produkte, denn die Nachfrage wächst rasant.«

»Wie oft haben wir uns selbst über einen Status Quo aufgeregt, alles hin-terfragt und im Endeffekt nichts aktiv geändert?«, fragte mich Elisabeth urplötzlich mit energischer Stimme.

»Gefühlt jeden Tag. Wir sind zwar stets gut darin, Dinge zu hinterfra-gen, aber der Schritt zum neu Denken und vor allem zum tatsächlichen Handeln ist ein beträchtlicher.«

»Wenn wir zurückkommen, packen wir all unseren Mut zusammen und nehmen das Ruder selbst in die Hand. Vom Hinterfragen alleine hat sich noch nie etwas geändert und glücklich ist dadurch wohl auch nie-mand geworden«, meinte sie zielgerichtet.

»Genau so machen wir das. Wir packen die Dinge endlich an. Erster Schritt, ich kaufe einen Klo-Kalender. Zweiter Schritt, ich male ein Akt-Gemälde von dir.«

Elisabeth verdrehte die Augen, doch sie wusste, dass wir beide einer Meinung waren.

UNDEFINIERBARE ANGST

*Angst haben wir alle. Der Unterschied
liegt in der Frage, wovor.*

Frank Thiess

ELISABETH

»Kannst du dir vorstellen, dass wir morgen schon in Marokko weiterradeln?«, fragte mich Christoph direkt nach dem Erwachen. Sichtlich hatte diese Tatsache nicht nur mich die ganze Nacht wach gehalten.

»Wahnsinn, oder? Irgendwie weiß ich nicht so recht, ob ich mich darauf freuen oder davor fürchten soll.«

Paradox, sich plötzlich vor etwas zu fürchten, auf das man so lange hingearbeitet hatte. Niemand hatte uns gezwungen, diese Reise anzutreten und nun, kurz vor ihrem Ende, war ich so ängstlich? Erklären konnte ich mir meine Gefühle nicht.

Wovor hatte ich denn solche Angst? Davor, dass in Marokko etwas passieren oder dass wir in Rabat ankommen würden und ich mich wieder den Realitätsfragen des Lebens à la Arbeit, Wohnsituation, etc., stellen musste? Oder etwa gar vor der Frage, was ich im Leben eigentlich wirklich wollte? Hatte ich zu hohe Erwartungen in diese Reise gesteckt und gehofft, ich würde mit lauter plausiblen Antworten auf meine unzähligen Fragen zurückkommen?

Dass ich meine Zweifel nicht einfach ablegen konnte, plagte mich. Immerhin gelang es mir zwei Tage zuvor auch, »einfach schnell mal wieder Kind zu sein«. Wieso also war es in diesem Moment so schwierig? Wieso musste ich denn immer alles zerdenken?

Natürlich ist Angst eine normale und wichtige Emotion, demnach nicht schlecht per se. Sie schützt uns vor Gefahren und macht uns »überlebensfähig«. Angst ist also bis zu einem gewissen Maß hilfreich. Übersteigt sie dieses, fühlt es sich jedoch nicht mehr gut, sondern ausschließlich quälend an.

In Tag 30 startete ich somit eher skeptisch. Als würde ich drohende Gefahren nahezu anziehen, konnten wir tatsächlich lediglich knappe fünfzig Meter radeln, bevor uns ein Hund stellte und wir einen anderen Weg suchen mussten, um diesen zu »umfahren«.

Unglücklicherweise war dieser Umweg um einiges länger und führte uns wieder zurück auf die stark befahrene Autostraße. Hupkonzert vorprogrammiert. Beim nächsten Ausweichversuch wurden wir wieder von Hunden begrüßt. Diesmal gleich von dreien, die lautstark bellend und mit gefletschten Zähnen auf uns zustürmten.

»Das gibt's ja nicht mehr!«, schrie Christoph schwer genervt, als wir von unseren Fahrrädern sprangen und diese erneut wie ein Schutzschild vor uns stellten.

Ein Auto kam uns entgegen und hupte unüberhörbar, um die Hunde für einen Augenblick zu irritieren. Zum Glück eilte in diesem Moment schon der Besitzer in unsere Richtung, der offenbar vergessen hatte, sein Gartentor zu schließen. Der Autofahrer stieg aus und geigte ihm die Meinung:

»Wissen Sie eigentlich, wie brandgefährlich das gerade war? Eine Sekunde länger und Ihre Kläffer hätten die Radfahrer mehr als nur attackiert. Ich sag Ihnen eines, sie können froh sein, dass es den beiden gut geht und somit ihren Hunden auch. Ich hätte ihre drei Köter mit Leidenschaft überfahren.«

Na wums. Christoph und ich bekamen unsere weit aufgerissenen Augen gar nicht mehr zu.

Der Herr war sichtlich ebenso schockiert und sogar aufgebrachter als wir. Er konnte seinem Ärger zudem viel besser Ausdruck verleihen. Wir hätten vermutlich in unserer Angst nur auf Deutsch geschimpft und niemand hätte uns verstanden.

»Passt auf euch auf und gute Fahrt«, rief uns der Autofahrer entgegen, bevor er sichtlich aufgewühlt einstieg und davonfuhr.

Der Besitzer sagte hingegen nichts. Er nahm lediglich seine Wadenbeißer und ging zurück in den Garten.

»Glück im Unglück«, meinte ich zu Christoph, der mir zunickte und wenige Sekunden später zu lachen begann.

»Ich finde es immer spannend, dass man aus Angst zu schreien beginnt. Der Autofahrer wird wohl mein heutiger Held. Der hat unseren Dampf gleich mit abgelassen. Schade, dass er sofort weiter ist. Ich hätte gerne gewusst, was der beruflich macht.«

Erneut ging es auf die verhasste Schnellstraße, die wir glücklicherweise bald endgültig hinter uns ließen. Wir genossen die autolosen Forst- und Nebenstraßen, die wir wieder vor uns hatten und langsam, aber sicher, überwog die Freude und die Angst hatte nicht mehr so viel Platz. Wir sammelten Kilometer und sprachen über den nächsten Tag. Je nachdem, wie gut wir in Marokko Unterkünfte finden würden, wären wir in drei bis fünf Tagen tatsächlich in der Hauptstadt, Rabat. Das war schon verrückt und total surreal. Wir plauderten über die bemerkenswerten Menschen, die wir bisher kennenlernen durften und erfreuten uns an dem schönen Wetter und den tollen Straßenbedingungen.

Kurz nach 14:00 Uhr kamen wir an einem rustikalen Restaurant mit der Aufschrift »Las mejores tapas!« vorbei. Im Regelfall aßen wir aufgrund der Hitze und der Anstrengung zu Mittag meist nur eine Kleinigkeit, doch dieses urige Lokal machte uns Appetit. Begrüßt wurden wir allerdings nicht und selbst die Speisekarten wurde uns wortkarg gereicht.

Das Gedeck wurde plump auf den Tisch geschmissen und als wir sichtlich fertig entschieden hatten, kam der Kellner zu uns und sagte nur:

»Qué queréis?«

Wir mussten unser Lachen zurückhalten. Vielleicht waren wir zu diesem Zeitpunkt schon völlig von der Hitze angeschlagen, aber wir fanden es super hier. Dieses Lokal hatte für uns richtig viel Charakter. Ein spanischer Kellner, der seinen tiefsten Hass gegenüber Touristen an uns ausgelebt hatte, ein Tisch, der liebloser nicht gedeckt hätte sein können und auf einem anderen Tisch eine alte, rauchende Dame, die uns keines Blickes würdigte, als wir am Weg zur Toilette an ihr vorbeigingen. Während der vollen Stunde, die wir dort verbracht hatten, war sie lediglich zwei Minuten ohne Zigarette zu sehen. In diesen beschwerte sie sich über nicht Spanisch sprechende Gäste. Einfach nur herrlich. Im siebten Himmel waren wir hier.

Unsere Vermutung, dass das Essen dafür herausragend sein musste, bestätigte sich leider nicht. Dennoch gingen wir zufrieden und belustigt zu unseren Fahrrädern und wussten, dass dies ein ehrwürdiger Abschied von Spanien war.

Mit einem übervollen Bauch quälten wir uns die letzten vierzig Kilometer mitsamt 500 Höhenmetern bis zu unserem Quartier, das weit entfernt jeglicher Zivilisation lag. Grundsätzlich super idyllisch, nachdem wir allerdings keinen Proviant mehr in unserem Rucksack hatten, hofften wir, dass man vor Ort etwas erwerben konnte. Weitere 500 Höhenmeter war uns ein Abendessen nämlich ehrlich gesagt nicht wert.

Am Eingang eilte der Rezeptionist an uns vorbei und sagte, dass er gleich wieder da sei.

Von diesem Satz bis zum Erhalt unseres Zimmerschlüssels, dauerte es insgesamt eine knappe Stunde. Unsere Stimmung besserte sich leider nicht, als er uns sagte, dass es zum »Abendessen« lediglich den

Süßigkeitenautomaten am Gang gebe. Alkohol war hier zudem verpönt. Wir wollten es dennoch positiv sehen:

»Entweder ist es gut, weil wir dann einmal fasten oder wir haben Schokolade zum Abendessen. Könnte schlimmer sein.«

Tatsächlich konnte es noch schlimmer sein. Der Rezeptionist fragte zuerst nach unserer Herkunft und uns anschließend über unsere Reise aus. Als wir ihm erzählten, dass unser Ziel Rabat war und wir für den nächsten Tag geplant hatten, mit der Fähre von Tarifa nach Tanger zu fahren, um von dort fortzusetzen, sah er uns ganz skeptisch an:

»Don't do that!«

Wie jetzt? Wir sind gerade dreißig Tage von zu Hause hierher gefahren und plötzlich sagte uns jemand, wir sollten das nicht machen? Wir fragten ihn, wie er das meinte, als er schon sagte:

»Morocco! It's another world! You aren't save there with a bike. Especially not as a woman in a bike dress. They will not tolerate you!«

Meine Nerven lagen blank. Vor wenigen Stunden erst konnte ich mein »rationales Ich« gewinnen lassen und die Angst vor den nächsten Tagen in eine kleine Ecke in meinem Kopf drängen und jetzt war sie plötzlich wieder da, viel stärker als am Morgen und viel realer. Immerhin kam die Warnung von einem Einheimischen. Der wird's wohl wissen, oder?

Wir gingen ins Zimmer und Christoph versuchte, mich zu beruhigen.

»Der Spaßvogel ist in seinem Leben vermutlich nie auf einem Fahrrad gesessen und kennt Marokko nur aus dem Fernsehen. Lass dich bitte von dem nicht fertig machen! Das wird alles super, ich versprech's dir.«

Ja, Christoph war – im Gegensatz zu mir – wieder einmal entspannter. Sein absolut lieb gemeinter Versuch, mich zu beruhigen, endete jedoch damit, dass ich mich ins Bett legte und beschloss, dass diese Reise hiermit für mich beendet wäre.

Er sah mich ungläubig an:

»Ich kenn dich! Du hast noch nie aufgegeben. Wenn du das wirklich nicht willst, lassen wir es, aber ich möchte nicht, dass du dir später Vorwürfe machst.«

Insgeheim wusste ich, dass ich es nicht schaffen würde, so kurz vorm Ziel tatsächlich zu kneifen. Und Christoph wusste darüber hinaus genau, wie man mich packen musste: mit meinem Ego und der Erinnerung daran, dass ich bestimmt nicht aufgeben wollte. Außerdem war mir klar, dass er mich spätestens am Folgetag auf diese Fähre ziehen würde, denn genauso wie ich konnte er seinem Kopf und seinen Zielen niemals nachgeben.

»Okay, kalte Füße kann ich mir ja bis zu unserer Hochzeit aufheben!«, scherzte ich.

Wirklich wohl fühlte ich mich trotzdem nicht, weshalb wir an die frische Luft gingen. Hinter dem Quartier befand sich ein weiteres Gebäude, das ein Stück höher lag und über einen wunderschönen Balkon verfügte. Wir plünderten den Süßigkeitenautomaten und setzten uns neben einen Spanier auf die Bank. Der Ausblick von hier war gigantisch. Keine Postkarte der Welt zeigte ein schöneres Panorama als unseres in diesem Moment. Wir sahen von oben auf das Meer und erkannten zu unserer Linken Gibraltar. Zu unserer Rechten erstreckte sich ebenso eine gut sichtbare, durch das Meer getrennte »Insel«.   .

»Das da drüben ist Ceuta, also Afrika. Das sieht man heute besonders gut. Wollt ihr mal schauen?«, begann der Herr ein Gespräch und reichte uns dabei sein Fernglas.

Wir waren überwältigt. Zu unserer Linken Gibraltar, vor uns Spanien und zu unserer Rechten Ceuta. Wir hatten also wirklich den afrikanischen Kontinent vor uns. Dieser Aussichtspunkt hätte es sich redlich verdient gehabt, als Top Touristenattraktion verkauft zu werden. Doch wir waren hier nur zu dritt, genossen die traumhafte Aussicht und quatschten mit dem Herrn, der gerade Heimaturlaub machte und die Zeit zum Surfen nutzte.

Zum Abschluss erzählten wir ihm von der Aussage »It's another world« des Rezeptionisten.

Da musste er schmunzeln und sagte lediglich:

»It's just another world for those, who don't discover it!«

RELIGION, WERTE UND BILDUNG

*Education is the most powerful weapon
which you can use to change the world.*

Nelson Mandela

*Bildung ist die mächtigste Waffe, die du verwenden kannst,
um die Welt zu verändern.*

CHRISTOPH

Nach Wochen der Spannung stand endlich die Überfahrt nach Marokko bevor. Ein letztes Mal ließen wir unseren Blick vom Felsen von Gibraltar über den südlichsten Teil Spaniens bis zum Beginn des afrikanischen Kontinents schweifen. Erwartete uns tatsächlich »another world« mit dem Fahrrad? Oder galt nicht vielmehr meine Hupverhaltenstheorie und der Norden Marokkos war wieder zivilisierter?

In jedem Fall war unsere Vorfreude auf die ersten Pedaltritte auf afrikanischem Kontinent kaum mehr zu bändigen. Um ehrlich zu sein, konnte ich die Nacht davor, wie ein Kind in freudiger Erwartung auf das Christkind, kaum schlafen. Dieses würde uns zwar in Marokko mit Sicherheit nicht begegnen, ein anderer Zugang zum Glauben dafür umso mehr.

Die ersten Kilometer waren sehr angenehm, denn die Höhenmeter, die wir tags zuvor von Algeciras zu unserer Jugendherberge hochfuhren, konnten wir nun allesamt auf der anderen Seite nach Tarifa hinunterdüsen.

Unten angekommen, statteten wir noch dem »letzten Bike Store vor Afrika« einen Besuch ab. Neben dieser ultimativen Auszeichnung war er wohlgemerkt der einzige in einer Umgebung von 300 Surf Stores. Der Besitzer verstand es nicht nur, Dinge anders zu machen, er war darüber hinaus ein kluger Geschäftsmann. So wollte er von uns wissen, ob wir sicher wären, alles für Marokko mit zu haben. Dort gäbe es nämlich keine Bike Stores mehr. Darüber hinaus konnte auch er es nicht lassen, zu betonen: »Es un mundo diferente«, eine andere Welt also. Neben neuen Schläuchen war ich nun also soweit, dem Kauf von Pickzeug zuzustimmen. Der nächste Bike Store kam seinen Schilderungen zufolge schließlich erst in Kapstadt.

Danach konnte es auf die Fähre gehen. Das Fahrrad durfte kostenfrei mit aufs Schiff und wurde sogar mit überdurchschnittlich viel Freundlichkeit in Empfang genommen. Vom Deck warfen wir einen letzten Blick auf »Europa«. Der Leuchtturm der Isla de las Palomas am untersten Zipfel Tarifas winkte uns zum Abschied zu. Er markiert nicht nur den südlichsten Punkt Kontinentaleuropas, sondern steht geografisch für die Trennung von Mittelmeer und Atlantik.

»Was glaubst du, gedenken all jene, die Marokko als andere Welt beschreiben, in mir auszulösen?«, fing Elisabeth an, als wir uns aufs offene Meer hinausbewegten. »Da habt ihr euch ein tolles Abenteuer ausgesucht, würde es auch tun, oder?«

Ganz sicher war ich mir da in der Tat selbst nicht, denn natürlich hätten wir uns besser vorbereiten können. Gleichzeitig bestand der größte Reiz am Reisen darin, sich auf Neues einzulassen. Dabei lagen »reizvoll« und »unnötig gefährlich« selbstverständlich nah beieinander.

Die Freude auf unsere ersten Meter in Tanger ließen wir uns jedenfalls nicht nehmen. Nachdem wir den »Harbour Master« passiert hatten, konnte es weiter zum Grenzbeamten gehen, der offensichtlich gut aufgelegt war:

»You don't look like smugglers. Am I wrong?«

Sofern acht Ersatzschläuche keine Freihandelsgrenzen überschreiten würden, läge er richtig, wagten wir uns angesichts seiner Lockerheit zurückzuscherzen. Somit waren wir schon frei, das Land zu erkunden. Unsere einzige Sorge waren die Pfeffersprays, bei denen uns keiner so recht sagen konnte, ob die Mitführung genehmigt war oder als illegaler Besitz von Waffen mit der Todesstrafe geahndet wurde. Nach einigen Horrorgeschichten über Streunerattacken nahmen wir das Risiko trotzdem in Kauf.

Der erste Blick über den Hafen von Tanger ließ uns, abgesehen von den omnipräsenten marokkanischen Fahnen, keinen Unterschied zu europäischen Standards erkennen.

»Another world ... Pah ... Nichts als zwei Meinungen von Hinterwäldlern!«, versuchte ich diese Gelegenheit gleich für Optimismus zu nutzen.

Einmal um die Kurve änderte sich das Straßenbild jedoch schlagartig.

»Natürlich mit seinem ganz eigenen marokkanischen Charme«, versuchte ich die Kurve beim Abbiegen im wahrsten Sinne des Wortes zu kratzen.

Als wir drei Straßen weiter massenweise gegrillte Schafsköpfe auf Röstern am Straßenrand aufgefädelt sahen und eine gewaltige Rauch- und Geruchsentwicklung über alle Sinne wahrnehmen durften, war ich zwar verleitet einzuwerfen, dass dies etwa in Island ebenso eine Spezialität sei, ließ es dann allerdings bleiben. Lieber einmal zurück in die Medina, die Altstadt von Tanger, und einen ersten Tee trinken.

Beim Eintritt waren uns mit unseren Outfits alle Blicke sicher. Nachdem in Marokko generell sämtliche Sessel Richtung Straße ausgerichtet sind, zunächst keine große Besonderheit. Der Kellner lobte die exzellente Tee-Wahl, sprach aber nur mit mir und würdigte Elisabeth keines Blickes. Das Starren der Anderen nahm dafür kaum ein Ende. Also beschlossen wir kurz darauf, weiterzuziehen.

Zunächst hieß es, die Schnellstraße Richtung Meer zu finden. Beim Hupkonzert durch den Straßen-Dschungel von Tanger konnten wir immerhin nicht mehr zuordnen, welches Onken an uns gerichtet war. Es wurde also mehr zu einer orchestralen Begleitmusik.

Aus der Stadt hinaus führte uns eine breite Allee. Dabei erwies es sich als praktisch, dass der rechte Streifen von Sammeltaxis zum Ein- und Aussteigen benutzt wurde. So konnten wir uns durchschlängeln, ohne uns in die Wettrennen auf den linken Fahrstreifen einbauen zu müssen.

Es war also doch eine etwas andere Welt, aber auf ihre eigene Art ganz speziell und spannend. Die Schnellstraße Richtung Meer war bereits deutlich schmaler. Insofern wurden die Überholmanöver unangenehmer, denn gebremst wurde selbst bei Gegenverkehr nicht.

Generell konnte man sich auf vorbeikommende Autos trotzdem immer gut einstellen, denn in Marokko gehört das Hupen offensichtlich zum guten Ton, bevor man überholt. Während uns das anfänglich jedes Mal beinahe einen Herzkasperl beschert hatte, nutzten wir nach einigen Kilometern jedes weitere Hupen, um nach rechts in den Sand auszuweichen.

Hin und wieder wunderten wir uns dennoch, was es mit dem Hupen auf sich hatte. Denn während sich einige nur kurz ankündigten, hörten andere gar nicht damit auf. Manchmal richteten sie dabei nicht allzu freundliche Gesten an uns. Zweifelsohne sorgte das für Irritationen.

Bei Kilometer fünfzehn war es soweit und die erste Streunergruppe erwartete uns am Straßenrand. Der für die Einreise ganz nach unten gepackte Pfefferspray war mittlerweile wieder griffbereit und mit vollen Hosen nahm ich ihn sofort zur Hand. Elisabeth bat ich dabei, an meiner linken Seite zu fahren. Die Hand mit der Waffe nach rechts ausgestreckt fuhren wir an den Hunden vorbei und ... nichts, gar nichts war passiert. Während uns Hunde in Spanien regelrecht wie ihr »Stockerl« gejagt hatten, zeigten diese Streuner nicht das geringste Interesse an uns. Entweder hatten sie in der Trockenheit und Hitze keine Kraft mehr dafür oder es gab für sie, anders als bei den Hofhunden in Europa, einfach kein Territorium zu verteidigen.

Kurz darauf legten wir den nächsten Tee-Stopp am Straßenrand ein. Erneut gab es ausschließlich Kontakt mit mir und viel Gegaffe insbesondere Richtung Elisabeth. Langsam verstanden wir, zunächst wollten wir es allerdings nochmals testen.

Wieder auf unseren Rädern warteten wir, bis sich ein Auto mit etwas Abstand näherte. Als dieses rund zwanzig Meter hinter uns war, standen wir aus den Satteln auf und das aggressive Hupen, kombiniert mit wilden Gesten, war sofort wieder da.

Elisabeth und ich starrten uns an und wussten nicht, was überwiegen sollte: Unbehagen wegen kulturell inkorrekten Verhaltens; die Erkenntnis, dass ein weiteres Aufstehen aus dem Sattel schwierig sein würde; oder Enttäuschung darüber, dass hier eine ganz andere konservative Mentalität herrschte.

Offensichtlich stießen sich die Marokkaner nämlich daran, dass Elisabeth als Frau einerseits in kurzen Klamotten unterwegs war und andererseits, wenn sie ihr Gesäß entlasten wollte, als Draufgabe, ihren Hintern unausweichlich in deren Richtung streckte.

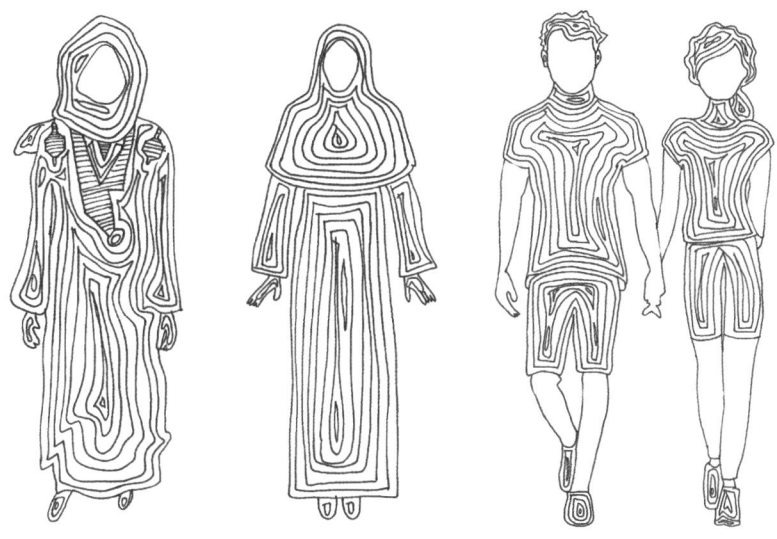

Etwas beklemmt fuhren wir weiter Richtung Asilah, unserem ersten Tageziel in Marokko.

Als wir in einem Dorf an einem Strand eine Puppe in Bikini völlig blutbeschmiert und mit Strick um den Hals entdeckt hatten, wandelte sich unsere Sorge über inkorrektes Verhalten jedenfalls in Aggression über das hier vorherrschende Steinzeitdenken um.

So waren wir nach rund fünfzig Kilometern froh über unsere Ankunft in Asilah. Als ersten Schritt zum Runterkommen beschlossen wir, auf einen der vielgerühmten Fruchtsäfte an der Promenade zu gehen. Elisabeth und ich tauschten uns über das Erlebte aus, versuchten dem Ganzen unterschiedliche Interpretationen zukommen zu lassen und die für uns richtigen Schlüsse daraus zu ziehen. Da sprach uns von der Seite ein Marokkaner, der bisher mit seinen Freunden nur auf Arabisch im Gespräch war, in fast perfektem Deutsch an:

»Mit dem Fahrrad habt ihr euch schon auf ganz spezielle Eindrücke in Marokko eingelassen.«

Mohammed war in Asilah geboren, hatte als einziges Kind von fünf die Chance bekommen, zu studieren und konnte dabei für zwei Jahre für ein Praktikum nach Köln gehen, wo er Deutsch gelernt hatte. Die letzten sechs Monate war er bei einer großen internationalen Firma in Casablanca angestellt, sein Vertrag wurde allerdings nicht verlängert. Daher war er aktuell auf Heimaturlaub bei den Eltern.

»Leider hat es die Bildung in Marokko nicht so weit geschafft. Insbesondere am Land solltet ihr euch daher keine große Aufgeschlossenheit erwarten.«

Wir sagten ihm, dass es uns vielmehr unangenehm sei, hier kulturelle Tabus zu brechen.

»Keine Sorge, ihr braucht euch nicht zu rechtfertigen. Mich ärgert das ja selbst am meisten. Ich bin selbstverständlich religiös. Doch hier glauben Leute Geschichten, nur weil ihnen irgendwer etwas erzählt, ohne es zu hinterfragen. Ihr könnt euch nicht vorstellen, welche Diskussionen ich mit Freunden und Bekannten führe.«

Das Gespräch mit Mohammed war wirklich erhellend. Sein außergewöhnlicher Bildungsgrad sowie seine Erfahrungen in Marokko kombiniert mit jenen in Deutschland machten ihn zu dem Gesprächspartner, den wir in diesem Moment suchten. Abschließend gab er uns mit:

»Dass ihr in Europa alle studieren könnt und nachher einen Job bekommt, da könnt ihr euch schon echt glücklich schätzen. Hier kann kaum einer studieren und jene, welche die Chance bekommen, finden trotzdem keinen Job. Es sei denn, sie kennen jemanden aus der Königsfamilie.«

In unserer Unterkunft, dem Patio de la Luna angekommen, öffnete uns Antonio die Tür. Er war vor vielen Jahren der Liebe wegen von Sevilla nach Marokko ausgewandert und habe es nie bereut, wie er uns versicherte. Natürlich würden ihn gewisse religionsbezogene Haltungen irritieren. Dafür wäre das Leben vor der Haustür viel intensiver als in Europa, wo alle nur am Handy kleben würden.

Damit hatte er wohl nicht ganz unrecht. So begaben wir uns kurz nach Sonnenuntergang erneut nach draußen, um uns auf eine richtige marokkanische Straßenerfahrung einzulassen. Schafsköpfe waren uns zwar eine Spur zu viel. Brochettes, also Hühnerspieße direkt vor unseren Augen herausgebraten, mussten dennoch sein.

Während ich genüsslich an den herrlich gewürzten Fleischstücken herumkaute, musste ich nochmals an die Worte von Mohammed denken. Er hatte natürlich Recht: Wir Europäer konnten uns mehr als glücklich schätzen, ein solches Bildungssystem und unfassbar vielseitige Jobmöglichkeiten zu haben. Dabei war es genau diese Kombination, die entscheidend war, denn am frustrierendsten musste es sein, die Chance auf Bildung erhalten zu haben und dennoch aufgrund von mangelndem »Vitamin-B« keinen Job zu finden.

»Meinst du, dass Bildung und Hausverstand Hand-in-Hand gehen?«, fragte mich Elisabeth plötzlich aus dem Nichts.

»Ja, klar«, antwortete ich trocken, als ich den letzten Bissen des Hühnerspießes hinunterschluckte.

Was sie tatsächlich damit andeuten wollte, wurde mir wenig später bewusst.

AUF SEINEN KÖRPER ACHTEN

Take care of your body. It's the only place you have to live.

Jim Rohn

Sorge dich gut um deinen Körper. Es ist der einzige Ort, den du zum Leben hast.

ELISABETH

Eine Stunde und sechsunddreißig Minuten, also 96 Minuten. Das sind demnach volle 5760 Sekunden. So klang die Schlafanalyse, die uns von Christophs Uhr angezeigt wurde, schon besser. Normalerweise schenken wir dieser keine Beachtung. Bei einer Stunde und sechsunddreißig Minuten konnten wir allerdings nicht anders, als den Kopf zu schütteln. Die Brochettes vom Vorabend hatten in der Nacht ein stetiges Wettrennen zwischen Christoph und mir auf dem Weg zur Toilette ausgelöst und beim Gedanken an diese wurde mir prompt wieder übel.

Unsere Mägen fühlten sich ganz flau an, unsere Gesichter waren bleich und einzig die dunkelschwarzen Augenringe stachen markant hervor. Allein der Gedanke ans Radfahren ließ meinen Körper noch tiefer in die Matratze sinken. Ob wir denn wirklich in der Lage waren, nach so einer Nacht bei Temperaturen von bis zu 48 Grad in die Pedale zu treten? Wir wollten es zumindest probieren.

Wir nahmen unsere Handys zur Hand und suchten nach möglichen Unterkünften in einer Entfernung von 70-90 Kilometern. Leider war die Suche vergebens und so konnten wir wählen: Entweder würden wir nach 40 Kilometern schon einkehren, oder erst nach 200. Das Problem hierbei war, dass wir natürlich wussten, dass 200 Kilometer für diesen Tag utopisch waren. 200 weniger 40 ergaben aber für den nächsten Tag trotzdem 160 Kilometer und da hatten wir dann keine andere Wahl.

Wir versuchten, nicht daran zu denken und waren froh, für den Moment lediglich vierzig absolvieren zu müssen. Sicher war ich mir allerdings, dass auch diese sich anfühlen würden wie zweihundert.

Bevor wir losgeradelt waren, setzten wir uns in ein Café und baten den Kellner um einen Tee gegen unser Unwohlsein.

Er fragte uns, wieso uns übel sei und ob wir krank wären oder etwas Schlechtes gegessen hätten.

Wir erzählten ihm von unserem Übermut, jegliches Straßenessen verkosten zu müssen und er lächelte uns an:

»Das war wohl wirklich nicht außerordentlich clever.«

Gemeint hatte er offensichtlich:

»Ach, diese dummen Touristen sind immer wieder ein Highlight.«

Wenig später kam er mit einem Tee mit vielen frischen Kräutern zurück und stellte diesen vor uns ab.

»Der wird euch gut tun, versprochen«, versicherte er uns, bevor er wieder hineinging und sich um andere Gäste kümmerte.

Genüsslich tranken wir davon, Schluck für Schluck und von Minute zu Minute hatten wir das Gefühl, uns würde es wieder besser gehen. Wir bedankten uns bei unserem Miraculix, holten die Fahrräder und Gepäckstücke und fuhren gemächlich los.

Nach etwa hundert Metern war die Übelkeit allerdings wieder in vollem Umfang da und wir verstummten.

Die darauffolgenden zwanzig Kilometer absolvierten wir fokussiert mit der Devise:

»Nicht stehenbleiben, nicht übergeben!«

Wir fühlten uns, als wären wir betrunken aus einem Club hinaus gewackelt und in ein Taxi gestiegen. Wissentlich, dass uns dies zwar einerseits in unser Bett bringen würde, auf der anderen Seite unsere Mägen zusätzlich forderte.

Nach diesen zwanzig Kilometern konnten wir nicht anders und blieben bei einem weiteren Café neben der Straße stehen. Diesmal gut besucht, von Männern, ausschließlich von Männern.

Ich hatte schon am Vortag das Phänomen entdeckt, keine Frau in einer Bar anzutreffen und war immer noch skeptisch, wie willkommen ich war.

Grundsätzlich würde ich sagen, habe ich mich kulturell absolut inkorrekt verhalten, aber nicht, weil ich egoistisch, respektlos oder ignorant war. Ehrlicherweise wegen total pragmatischer Gründe und europäischer Werte. Ich war in kurzen Hosen und T-Shirts unterwegs, immerhin hatte es jenseits der vierzig Grad. Außerdem trug ich abgesehen von meinem Radhelm keine Kopfbedeckung und darunter waren meine langen Haare nicht sehr mühevoll versteckt worden. Ich fuhr auf einem Fahrrad und setzte mich in Bars. Ich war einfach total westlich und hoffte, damit nicht allzu ungut aufzufallen.

In den Bars wurde ich zwar seit unserer Ankunft ständig beobachtet, unangenehm angesprochen allerdings nicht. Auf der Straße hingegen bekam ich nicht nur einmal den Hinweis, dass ich mich adäquater kleiden sollte.

Wir betraten das Café und wurden von einem Herrn mittleren Alters freundlich begrüßt. Nachdem wir zwei Kaffee bestellt hatten, stattdessen jedoch einen Kaffee und ein Glas Milch erhielten, waren wir schon wieder gut unterhalten. Milch war nicht ganz das, wonach mein Magen sich sehnte. Christoph sah auch nicht so aus, als würde er sich erbarmen wollen. Wir trafen uns wie immer in der Mitte und tranken jeder einen Kaffee mit viel Milch. Zumindest etwas, was uns beiden nicht schmeckte. Die beste Kompromisslösung war also, dass niemand etwas davon hatte.

Mittlerweile hatten wir eine Lösung gefunden, um aus jedem Tief herauszukommen. Wir kombinierten Selbstironie mit ganz viel blödem Reden. Es gab praktisch keinen sichereren Weg zum Serotonin-Hoch.

Nach dem letzten Schluck Milchkaffee, der langsam die Speiseröhre hinunterglitt und uns noch einige Stunden begleiten sollte, starteten wir in die zweiten und somit letzten zwanzig Kilometer des Tages.

Als Meister der Zeiteinteilung hatten wir es natürlich geschafft, genau in der Mittagshitze wieder am Asphalt zu kleben. Gefühlt keinen Meter vorankommend, traten wir weiter in die Pedale und versuchten, die Zeit mit einem unserer Lieblingsspiele zu überbrücken: Würdest Du eher A oder B (nie wieder) tun? Liebevoll nannte Christoph dieses ursprünglich von mir in unserer Beziehung etablierte Spiel auch »Lisis skurrile Fragestunde«.

»Du darfst für den Rest deines Lebens nie mehr Obst oder Gemüse essen. Was davon wählst du?«, startete ich, als plötzlich ein uns entgegenkommendes Auto immer weiter in unsere Spur lenkte.

Zuerst dachten wir, der Fahrer würde uns nicht sehen, als er beim Herannahen aber immer weiter in unsere Spur fuhr, wurden wir skeptisch. Er stellte Blickkontakt her und sah nicht so aus, als würde er in seine Spur zurückkehren wollen. Langsamer wurde er auch nicht. Wir sprangen vom Fahrrad und warfen uns zur Seite. In dem Moment riss der Fahrer den Lenker in die andere Richtung, lachte und fuhr weiter.

Hatte dieser Wahnsinnige soeben versucht, uns umzubringen oder dachte er, das sei irgendwo auf dieser Erde lustig?

Meine Beine bebten und meine Schulter schmerzte vom Aufprall. Christoph sah mich geschockt und gleichzeitig überglücklich an und umarmte mich.

»Alles ist gut, mein Schatz!«, flüsterte er mir ins Ohr, als auch schon ein Autofahrer anhielt und uns fragte, ob alles okay sei.

Wir beantworteten diese Frage natürlich mit »ja«, aber der Fahrer merkte sichtlich, dass etwas nicht in Ordnung war und reichte uns eine ungeöffnete Flasche kühles Wasser.

»Nehmt zumindest die«, sagte er, nickte uns zu und fuhr weiter.

Es waren einfach zu viele Impressionen auf einmal und ich wollte nur mehr ankommen.

»Lass uns fahren«, keifte ich Christoph regelrecht an, der wohl selbst nicht wusste, was er gerade verbrochen hatte.

Bei der Weiterfahrt blieb er nahe bei mir, damit ich mich beschützt fühlen konnte und tat so, als wäre er nicht ebenso irritiert. Munter stellte er mir eine skurrile Frage nach der anderen und versuchte, meine Gedanken umzulenken.

»Zumindest hab ich für einen Augenblick vergessen, dass mir schlecht ist«, sagte ich lachend zu ihm und blickte auf die Kilometeranzeige. 37 Kilometer hatten wir mittlerweile geschafft. Es lagen also glücklicherweise lediglich drei weitere vor uns.

Diese waren dafür von unzähligen Autos, toten Tieren und diversen, teils unangenehmen Gerüchen geprägt, damit man sich im Zielsprint seine Ankunft redlich verdienen konnte. Vor unserem Hotel angekommen, stellte ich das Fahrrad ab und umarmte Christoph erneut.

»Wir zwei waghalsigen Idioten. Vielleicht sollten wir nach unserer Rückkehr ein Seminar für innere Ruhe und Zufriedenheit belegen.«

»Und du glaubst, danach würden uns nicht noch mehr wirre Ideen in den Kopf schießen?«

»Vermutlich schon«, gab ich ihm Recht und öffnete die Eingangstür zum Hotel.

Der Rezeptionist war überaus zuvorkommend, zeigte uns einen sicheren Platz, wo wir unsere Fahrräder abstellen konnten und begleitete uns zu unserem Zimmer.

Nachdem uns selbst nach einer Dusche weiterhin unwohl gewesen war, beschlossen wir, eine Apotheke aufzusuchen, um uns aufzupäppeln. Immerhin hatten wir für den Folgetag 160 Kilometer geplant und dafür mussten wir fit sein. Wir marschierten los, durch einige verwinkelte Gassen weiter zu einem kleinen Geschäft, das von außen eher wie ein Duft- und Teestore aussah. Laut Google Maps war dies allerdings eine offizielle Apotheke. Beim Eintreten wurden wir von einer charmanten Frau begrüßt, die wir auf maximal 25 Jahre schätzten. Nachdem wir ihr unsere Beschwerden dargelegt hatten, brachte sie uns neben Tee und ein paar Tropfen auch ein warmes Kissen für den Magen und schmierte uns beruhigende Düfte auf den Handrücken. Wir waren uns nicht ganz sicher, ob wir in einer Kuranstalt angekommen waren, weil wir so rundum versorgt wurden, aber wir genossen es in vollen Zügen. Vor allem beeindruckte uns, wie aufgeschlossen und intelligent sie war. Hilfsbereit, nett, smart und entspannt. Unsere Vorurteile und Meinungen von zuvor waren wie ausgelöscht und wir erfreuten uns an dieser Erfahrung.

Sie meinte, dass wir die Tropfen, die sie uns soeben gegeben hatte, bis zum Abend mindestens drei weitere Male und am Folgetag ebenso mehrmals nehmen sollten. Anschließend erzählte sie uns von der Wichtigkeit des Darms und dessen höchst bedeutungsvoller Rolle für unser Wohlbefinden. Sie empfahl uns für die Zukunft, eine längere Periode des Tages zu fasten, als zu essen. Sie selbst zum Beispiel aß jeden Tag nur im Zeitraum von vier Stunden, um dem Darm während der restlichen zwanzig Stunden vollste Entlastung zu ermöglichen. Außerdem empfahl sie uns eine Reihe von probiotischen Lebensmitteln, die zusätzlich einen positiven Effekt erzielen würden.

Für uns klang dies ein wenig skurril. Europäischer Diätwahnsinn etwa? Nachdem sie uns mit weiteren Tees und Duftstoffen versorgt hatte, gingen wir wieder zurück in unser Hotel.

Dort begannen wir zu googeln, was es mit diesem »nur vier Stunden essen« auf sich hatte und tatsächlich fanden wir etliche Beiträge zu »Intermittierendes Fasten«. Hier wurde vor allem die Version »16:8« empfohlen, wo man acht Stunden pro Tag essen und die sechzehn verbleibenden fasten sollte. Die Erfahrungsberichte schienen positiv. Unsere Neugier war geweckt. Unser Körper sehnte sich nach Pflege und Zuwendung. Verdient hatte er es sich in jedem Fall redlich. Wir beschlossen, nach unserer Rückkehr mit »16:8« zu starten und nach einigen Wochen oder Monaten einen Erfahrungsbericht zu verfassen, um diesen postalisch mitsamt einer Dankeskarte an die nette Dame in der Apotheke zu senden.

Zuvor mussten wir aber unser Ziel erreichen und dafür wollten wir just in diesem Moment nur noch eines: Tropfen nehmen, Zähneputzen und schlafen.

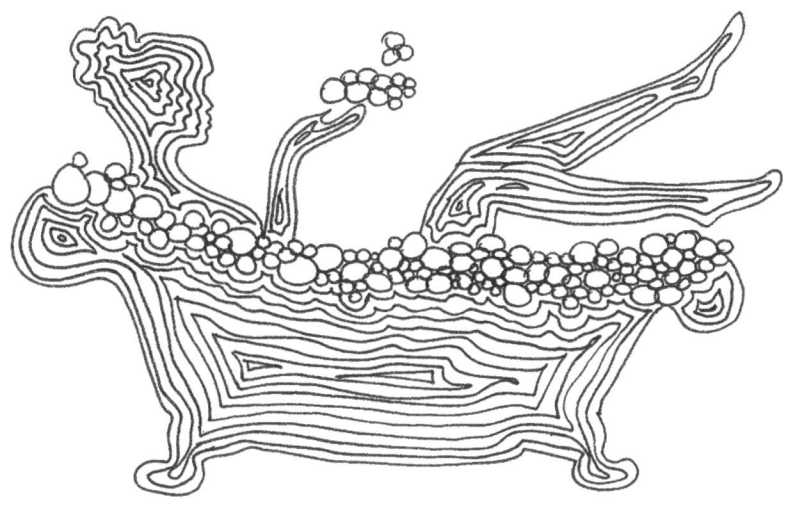

IMMER WIEDER NEU ENTDECKEN

*We shall not cease from exploration,
and the end of all our exploring will be
to arrive where we started and know
the place for the first time.*

T. S. Eliot

*Wir dürfen nicht aufhören zu entdecken, und am Ende all unseres
Entdeckens werden wir wieder dort sein, wo wir angefangen
haben und den Ort zum ersten Mal kennenlernen.*

.

CHRISTOPH

Die Tropfen wirkten tatsächlich Wunder, denn als wir aufwachten, fühlten wir uns, als ob wir nie Magenschmerzen gehabt hätten.

Trotz einiger wilder Erfahrungen in den letzten Tagen blieb Marokko für uns ein unfassbar faszinierendes Land: die Lebendigkeit der Leute, die Landschaften, die Märkte mit ihren intensiven Farben, der Reichtum an Gewürzen und die Vielfalt an Gerüchen. Wir waren kaum weg von Europa und trotzdem gewissermaßen in einer ganz eigenen Welt.

Diese Kombination aus Nähe und Ferne konnte kaum wo besser nachempfunden werden, als in unserer Unterkunft in Larache, dem Hotel España, einer wilden Mischung aus alt-kolonialem Grand Hotel mit simplen Zimmern, zahlreichen marokkanischen Elementen und unglaublich freundlichem Personal.

So saßen wir nun am Frühstückstisch bestens umsorgt von zwei marokkanischen Kellnern, die nicht mehr damit aufhörten, uns bereits frühmorgens eine endlose Variation an exzellenten Speisen und Getränken zu reichen: Omelette, marokkanisches Pfannenbrot, Crêpes, Butter, Marmeladen, frische Früchte, Fruchtsäfte, Minz-Tee und Kaffee, um nur einige davon zu nennen. Neben unserem war nur ein weiterer Tisch im Frühstücksraum belegt. Dort saß ein älteres amerikanisches Pärchen. Es schwärmte – ähnlich wie wir – über das herrliche Frühstück.

Nach einiger Zeit kamen wir ins Gespräch und setzten unsere Lobrede gemeinsam fort. Dabei machte es uns auf ein Zitat von Edith Wharton aufmerksam: »*To visit Morocco is still like turning the pages of some illuminated Persian manuscript all embroidered with bright shapes and subtle lines.*« Selbst wenn Whartons Reise schon mehr als hundert Jahre zurücklag, traf es das wohl bis heute am besten.

Trotz allen Schwärmens war uns bewusst, dass uns ein weiteres Mal die volle Ladung an Eindrücken erwischen würde, denn bis ins 160 Kilometer entfernte Kenitra gab es, trotz mehrfachen Nachfragens, nicht ein einziges Hotel, in dem wir hätten nächtigen können. Mit mächtigem Respekt begaben wir uns daher in unsere letzte »Monsteretappe«.

In der Tat sollten wir kaum etwas auslassen: Von Fahrzeugen, die uns in Straßengräben drängten, über dutzende Streunergruppen, bei denen wir nicht wussten, wie sie reagieren würden, bis hin zu unzähligen toten Tieren entlang der Strecke, die bei der extremen Hitze ganz eigene Gerüche entwickelten, durften wir an diesem Tag noch einmal die volle Palette an Erfahrungen sammeln.

Gleichzeitig nahmen wir vieles bereits ganz anders wahr, als an den ersten beiden Tagen in Marokko. Einerseits wussten wir, dass dies unsere letzte große Etappe vor unserer Ankunft sein würde. Wir wollten daher alle Eindrücke so intensiv wie möglich erleben. Dazu gehörten die Verrücktheiten aus dem Straßenverkehr genauso wie das Durchbeißen in der extremen Hitze. Andererseits waren wir mittlerweile auf den »Fahrstil« der Verkehrsteilnehmer in Marokko viel besser vorbereitet.

Zunehmend fanden wir Gefallen daran, uns mitten in diesem Wirrwarr aus Autos, Trucks, Bussen und nicht zuletzt Pferde- und Eselkutschen wiederzufinden. Je weiter wir ins Landesinnere und damit in die entlegeneren Gegenden vordrangen, desto zahlreicher wurden die Zurufe von der Straßenseite, die durchwegs unterstützend waren. Eine neue Art des Hupens konnten wir dabei ebenso feststellen: »Motivations-Hupen«. Dieses jagte uns im Regelfall angesichts der Intensität zwar unverändert jedes Mal aufs Neue einen gewaltigen Schrecken ein, gleichzeitig freuten wir uns natürlich darüber.

Besondere Begeisterung löste der Besitzer eines völlig abgelegenen Cafés bei uns aus, als er, entgegen der bisherigen Ignoranz gegenüber Elisabeth als Frau, ihr sogar vor mir freundlich die Hand schüttelte und zu ihr sagte:

»C'est un honneur de vous accueillir dans mon café.«

Es sei ihm also eine Ehre, Elisabeth in seinem Kaffee zu begrüßen.

Uns war es weiterhin unangenehm, dass wir uns kulturell nicht ganz angemessen verhielten. Gleichzeitig war uns ein Radeln in langer Kleidung bei dieser Hitze einfach nicht möglich. Umso erfreulicher war die Aufgeschlossenheit dieses Kaffeebesitzers.

Nach gut sieben Stunden im Sattel und zahlreichen Schrecksekunden waren wir letzten Endes heilfroh über unsere unversehrte Ankunft in Kenitra, einer Stadt mit rund 400000 Einwohnern. Für diese Nacht hatten wir ein Apartment im Zentrum gebucht. Ähnlich der Erfahrung mit Mari Carmens Mutter in Salobreña, stießen wir auf einen älteren Portier, der unsere Räder mit unglaublicher Herzlichkeit entgegennahm und sie über Nacht nicht aus den Augen lassen wollte.

»*The forces that divide us are not as strong as those that unite us*«, sagte Barack Obama einmal.

Es gab in der Tat einiges, das uns in Marokko anfänglich irritierte. Aber im Endeffekt entdeckten wir wesentlich mehr Dinge, die wir miteinander teilten und darauf galt es, das Augenmerk mindestens genauso zu richten, wie auf die Differenzen.

Erstmals in einer größeren Stadt angekommen, wurde uns das mehr bewusst als zuvor. Anhand des Verkehrs erkannten wir zwar, dass wir in Marokko waren, doch die Gebäude und das Auftreten der Leute glichen vielmehr schon jenen von Südeuropa.

Jene Dinge, die wiederum anders waren, lösten in uns die Faszination für das Außergewöhnliche aus. Etwa als wir auf der Suche nach einer Nachspeise in einen Süßigkeitenladen gingen, in dem die Zuckerl, Kekse und Schokoladen pingelig übereinander bis an die Decke aufgestapelt waren und wir von einer jungen Dame über sämtliche Variationen informiert wurden. Oder als wir in einer Bar am Straßenrand wie immer mit Blick Richtung Straße Platz nahmen und statt mit einem Feierabendbier mit Minz-Tee anstießen. Oder aber als wir zur Unterkunft zurückkehrten und der Portier uns mit der Geschichte eines Liebespärchens aus dem Orient in den Nachtschlaf entließ.

An diesem Tag fühlte sich alles ein wenig anders an. Wir wussten, unsere Radreise stand knapp vor ihrem Ende und gerade deswegen nahmen wir alles nochmals viel intensiver wahr. Die Faszination für das Andere, genauso wie die Suche nach dem Gemeinsamen. Dabei stießen wir jedes Mal wieder auf völlig neue Erkenntnisse und Eindrücke. Nirgendwo sonst wurde uns so klar vor Augen geführt, dass sich vorgefasste Meinungen derart schlagartig verändern konnten wie in diesen drei Tagen in Marokko. Hinter jeder Ecke lag die Chance, ein völlig neues Bild zu erhalten.

Wir durften nur niemals aufhören, neugierig zu sein und andere Geschichten entdecken zu wollen.

JEDES ENDE IST EIN NEUER ANFANG

Forrest Gump [laufend]: »Naja, jedenfalls, ich hab's ja schon gesagt, ich hatte eine Menge Gesellschaft. Meine Mama hat immer gesagt, man muss die Vergangenheit hinter sich zurücklassen, bevor man weitermacht. Und ich glaube, das war auch der ganze Grund für meine Lauferei. Ich war inzwischen 3 Jahre, 2 Monate, 14 Tage und 16 Stunden lang gelaufen.«

Er stoppt und dreht sich um.

Junger Mann [laufend]: »Ruhe, Ruhe, er will etwas sagen.«

Forrest Gump: »Ich bin müde, sehr sogar ... Ich glaube, ich gehe wieder nach Hause.«

ELISABETH

Ein letztes Mal also schloss ich den Reißverschluss meines T-Shirts und band meine Haare zu einem Zopf zusammen. Meine Beine fühlten sich ganz komisch an. Irgendwie wehrten sie sich dagegen, kraftvoll am Boden zu stehen und so setzte ich mich noch einmal ins Bett. Ich schloss meine Augen, machte Musik an und ließ alle Gedanken auf mich einprasseln. So viele Kilometer, die wir bis hierher geradelt waren. So viele Tritte ins Pedal. So viele Auf und Abs. So viele Begegnungen. So viele unterschiedliche Menschen. So viele Geschichten.

Ich fragte mich, was die Personen, die wir am Weg kennengelernt hatten, in diesem Moment gerade machten. In dem Moment, als ich in einem Bett saß und an sie dachte. Immer wieder finde ich solche Überlegungen unglaublich. Der Gedanke daran, dass ein Mensch, der sich gerade nicht aktiv vor einem befindet, ein genauso lebendiges und komplexes Leben führt, wie man selbst.

Wenn wir herumspazieren, begegnen wir Menschen. Einfache Passanten, die einem teilweise nicht einmal auffallen. Tausende, die in unserem Film täglich eine Nebenrolle spielen, während wir versuchen, uns selbst zu verwirklichen. Diese Nebenrollen sind ein stetiger Begleiter beim Weg in unsere stressige Arbeit und in unserem Privatleben. Sie sind überall. Die meisten registrieren wir nicht einmal. Manche werden Freunde. Manche sind sogar schon seit jeher in unserem Leben und nennen sich Familie. In manche Nebenrollen verlieben wir uns und lassen sie näher an uns heran als alle anderen. Diese nahen Nebenrollen werden wichtige Rollen. Was sie aber nie werden, ist die Hauptrolle in unserem eigenen Film des Lebens. Schließlich ist diese schon mit einem selbst besetzt.

Ich musste daran denken, dass ich bei all den Begegnungen für die Menschen, die wir trafen, immer nur eine Nebenrolle gespielt hatte, während ich mich in der Hauptrolle fühlte. Die Erkenntnis, dass jeder Mensch auf dieser Welt sein ganz individuelles Leben hat, ebenso geprägt von Komplexität, Lebendigkeit und anderen Emotionen, die man selbst zu fühlen vermag, berührte mich in diesem Moment.

Schon der Aphoristiker Pavel Kosorin sagte, dass du, wenn du dich selbst für den Nabel der Welt hältst, vermutlich an einem totalen Orientierungsverlust leidest. Der Gedanke, dass das Leben anderer Menschen genauso bewegt ist wie mein eigenes, ließ mich nicht mehr los. Obwohl mein Verstand sich so anfühlte, als wäre ein Wirbelsturm hindurchgesaust, fühlte ich mich glücklich.

Ich nahm meine Schuhe zur Hand und sagte zu Christoph:

»Auf geht's in die letzte Runde!«

Während dieser letzten Etappe, lediglich 45 Kilometer, waren wir ganz still. Einerseits waren wir noch nicht bereit, wirklich anzukommen und andererseits wussten wir, bis Kapstadt weiterzufahren, wird auch nicht die Lösung sein können. Wir freuten uns darauf, nicht mehr permanenten Schmerzen ausgesetzt zu sein, hatten aber Angst davor, noch nicht »die Erkenntnis« für uns gewonnen zu haben. Unsere Erwartungen waren wohl im Vorhinein zu hoch gewesen.

Zusammengefasst hatten wir uns erhofft, den Plan für unseren zukünftigen Werdegang während dieser Reise zu perfektionieren, um nach unserer Rückkehr direkt starten zu können.

Alles aber, was wir in diesem Moment wussten, war, dass wir eine ganz unglaubliche Reise hinter uns hatten und noch unglaublichere Menschen und Eindrücke erleben durften. Die Gedanken in unseren Köpfen spielten Fangen und alles, was neben uns passierte, konnten wir gar nicht mehr richtig begreifen.

»Ich dachte, es würde sich einfach so viel verändern und irgendwie ist alles gleich«, sagte ich plötzlich zu Christoph, der sichtlich mit meinen Worten überfordert war.

Wir suchten nach einer Sitzgelegenheit, um vor der Ankunft unsere Gedanken zu sortieren. Unsere Reise war also zehn Kilometer vor ihrem Ende und nun saßen wir wie zwei Trauerklöße auf einer Bank und starrten ins Leere.

In dieser Leere erblickten wir eine Mutter, die ihrer Tochter dabei zusah, wie sie tanzte. Freudestrahlend hüpfte sie wie eine kleine Ballerina herum und ließ ihre Mutter applaudieren, die wenige Augenblicke später auch zu tanzen begann. Die Kleine sah zu uns herüber und Christoph machte sitzend Tanzbewegungen, die sie sichtlich zum Lachen brachten. Ich legte mit ein paar weiteren »Moves« nach, als wir auch schon aufstanden und uns gegenseitig im Kreis drehten. Mutter und Kind lachten und tanzten ebenso händehaltend immer ausgefallener. Die Blicke von einigen Passanten waren auf uns gerichtet, aber uns interessierte dies keineswegs. Wir tanzten einfach. Wir bewegten uns zu unserem wirren Gesang und vergaßen dabei unsere Gedanken. Skurril wie in einem Film tanzten wir in Marokko mit zwei fremden Menschen, mit denen wir uns nicht einmal verständigen konnten und es war nicht wichtig. Alles, was in diesem Moment zählte, war, unsere Gefühle »rauszulassen« und das funktionierte nicht mehr über Worte.

Wir winkten den beiden zum Abschied zu und setzten uns auf unsere geliebten Drahtesel, um die letzten zehn Kilometer in Angriff zu nehmen. Ein Ohrwurm von Linkin Park, »Numb«, begleitete mich, als wir ambitioniert dahinrollten. Neben uns flitzten etliche Autos vorbei, denen wir kaum noch Beachtung schenkten. Vor uns erblickten wir die Einfahrt nach Rabat und fuhren Hand in Hand durch die Stadttore. Als Endpunkt hatten wir im Vorhinein eine große Stiege ausgewählt, die sich direkt über dem Strand von Rabat befand und der wir uns nun ganz aufgeregt näherten.

Und plötzlich …

... waren wir da.

Wir waren auf einmal wirklich dort, wo wir hin wollten. Wir waren schlicht und ergreifend ... überfordert, gleichzeitig aber auch glücklich.

»Ich bin ziemlich müde«, meinte ich grinsend zu Christoph. »Ich glaube, wir können zumindest fürs Erste aufhören, weiterzufahren«, ergänzte ich, bevor wir uns mit den Rädern auf die Stiegen setzten, die frische Meeresbrise in unserem Gesicht genossen und glücklich in die Ferne blickten.

»Ich freue mich auf die Zukunft, egal wie sie konkret aussieht«, sagte Christoph und umarmte mich mitsamt meinem Fahrrad.

»Ich mich auch!«, entgegnete ich ehrlich gerührt, furchtlos und hoffnungsvoll.

»Ich mich auch, Christoph!«

EPILOG

People say that what we're all seeking is a meaning for life. I don't think that's what we're really seeking. I think what we're seeking is an experience of being alive.

Joseph Campbell

Man sagt, dass wir alle nach dem Sinn des Lebens suchen.
Ich glaube nicht, dass es das ist, was wir wirklich suchen.
Ich glaube, was wir suchen, ist eine Erfahrung des Lebendigseins.

Nun waren wir also in Rabat.

Wie es von hier weitergehen sollte, hatten wir uns ehrlicherweise nicht überlegt.

Marokko besser kennenlernen wollten wir in jedem Fall noch. Von diesem Moment an allerdings nicht mehr an den Straßenrand gedrängt auf dem Fahrrad, sondern zu Fuß und mit dem Bus.

Nach einer Verschnaufpause in der Hauptstadt beschlossen wir also, den Bus über Casablanca nach Marrakesch zu nehmen. Verrückt, wie gemogelt es sich anfühlte, in einem klimatisierten Fahrzeug von A nach B chauffiert zu werden. Gleichzeitig lustig, wie unbeschwert das Vorbeifahren etwa an Streunergruppen aus dem gut gesicherten Bus ablief. Ein schlechtes Gewissen hatten wir trotzdem.

In Marrakesch angekommen, sprangen wir daher gleich wieder auf den Sattel und erkundeten die unterschiedlichen Ortsteile. Die sauberen und geordneten Hotelviertel im Vergleich zum übrigen Marokko stellten dabei einen recht bizarren Kontrast dar. Ein Stückchen weiter draußen, wie auch im Zentrum selbst, fanden wir uns aber gleich im gewohnten Wirrwarr wieder.

Ursprünglich sah unser Plan vor, neben der Stadterkundung über die Erlebnisse der letzten Wochen zu reflektieren und Schlüsse für unser zukünftiges Vorhaben zu ziehen.

Relativ schnell wurde uns allerdings klar, dass Marrakesch bei all seinen faszinierenden Facetten nicht der beste Ruhetempel für ein solches Vorhaben war. Der Besitzer unseres kleinen marokkanischen Riads, Abdel, hatte sofort eine Lösung für uns parat:

»Wenn ihr schon aus Österreich mit dem Fahrrad hierher gekommen seid, dann müsst ihr zumindest unsere Berge im Atlas-Gebirge kennenlernen.«

Gesagt, getan. Tags darauf fuhren wir mit einem Bekannten von ihm, Mustafa, nach Imlil. Mustafa war selbst dort aufgewachsen und hatte vor einigen Monaten begonnen, Touristen aus Marrakesch in seine Heimatstadt zu bringen. Insofern konnte er, besser als jeder andere, spannende Einblicke in die lokale Berber-Kultur geben. Gleichzeitig machte er uns auf den Mount Toubkal, den mit 4167 Höhenmeter höchsten Berg Nordafrikas, aufmerksam.

Unsere Beine waren zwar vom permanenten Treten das Gehen nur noch bedingt gewöhnt, aber wo konnten Österreicher denn besser nachdenken als auf hohen Bergen? So ging es tags darauf mit Mustafas Vater, Ibrahim, ins Hochgebirge. Zunächst auf eine Hütte in 3200 Metern Höhe, wo wir bis 03:00 Uhr rasteten, dann für den «Sunrise Hike» auf den Gipfel.

Zurück auf der Hütte gab uns Ibrahim, mit dem wir uns auf Französisch unterhielten, einen Einblick in sein Leben:

»Ich arbeite nun seit bald vierzig Jahren im Tourismus: Erst war ich in einem Restaurant, dann in einem Hotel und nun bin ich als Bergführer tätig. Ein so intensives Gespräch wie mit euch beiden habe ich dabei aber bestimmt schon einige Monate nicht mehr geführt, denn wisst ihr, was mir zunehmend zuwider wird? Es wird einfach alles immer oberflächlicher.«

Damit traf Ibrahim den Nagel auf den Kopf, denn auch uns irritierte es zunehmend, dass das Reisen zwar insgesamt zunimmt, die persönliche Interaktion dabei jedoch immer mehr in den Hintergrund rückt.

Wobei dies mit Sicherheit kein auf die Reisebranche beschränktes Phänomen ist.

Schließlich sind wir ganz generell zwar online alle zunehmend miteinander verbunden, gleichzeitig im persönlichen Kontakt immer stärker voneinander getrennt.

So können wir uns etwa zurück von den Reisen oft gar nicht mehr vorstellen, dass man auch direkt vor der Haustür spannende Geschichten »erleben« kann und verkriechen uns gerne wieder hinter dem Bildschirm, um andere dabei zu beobachten, wie sie ein vermeintlich besseres Leben führen. Wir müssen ja wieder im Büro sitzen, während unsere Social Media Freunde die tollsten Sachen rund um den Planeten entdecken.

Im Dialog neigen wir wiederum oft dazu, uns mit den immer gleichen Meinungen zu umgeben, ohne den Austausch mit anderen Ansichten zu suchen.

Die persönliche Interaktion zu verstärken und dabei Menschen wieder zum Entdecken und Erleben zu animieren, war unserer Ansicht nach also essentiell.

Wir beide sehnten uns zu Hause immer nach einer Möglichkeit, unserem Alltag zu entfliehen, um dabei unbeschwert neue Eindrücke sammeln zu können. Wir lieben es, Geschichten hinter Menschen kennenzulernen und dabei aktiv mit ihnen etwas zu erleben. Passiv passiert heutzutage schon genug, aktiv wird zunehmend anstrengender.

Vielleicht war es jetzt an der Zeit, auch für andere eine simple Möglichkeit zu schaffen, die Freude am Entdecken zu verstärken.

Zurück in Marrakesch, suchten wir zuerst nach einer geeigneten Fähre bis Genua, um von dort anschließend nach Wien zu reisen. Allerdings war dies aus unterschiedlichen Gründen nicht möglich, weshalb wir uns als Alternative für einen Flug nach Warschau entschieden. Von dort wollten wir mit dem Fahrrad bis nach Baden »ausradeln« und unseren »Radlerhorizont« noch einmal erweitern.

In Warschau angekommen, gelang es uns auf deutlich ruhigeren Straßen unseren Zukunftsplan weiter durchzudenken und zu konkretisieren.

Auf verschiedenen Ebenen wollten wir uns wichtigen Themen wie Nachhaltigkeit, Internationalität, Regionalität und einem gesunden, sportlichen Lebensstil widmen, aber vor allem die Freude am persönlichen Austausch, dem Entdecken und an neuen Inspirationen erwecken.

Mit beSonder möchten wir daher unter anderem inspirierende Geschichten von »Personen von nebenan« vor den Vorhang holen und auf kurzweilige und unterhaltsame Art und Weise ermöglichen, in deren Leben einzutauchen, sie auf interaktive Weise kennenzulernen und dabei dem Alltag für ein paar Stunden zu entfliehen. Gleichzeitig soll dabei die Chance geschaffen werden, den persönlichen Horizont zu erweitern und Neues kennenzulernen.

Dies ist natürlich nur eine von vielen Möglichkeiten, den Austausch mit anderen zu intensivieren.

Letzten Endes liegt es an uns, unser eigenes, lebhaftes und komplexes Puzzle zu bauen. Wir haben jeden Tag neue Gelegenheiten, Teile in verschiedenen Formen anzufügen und wir können selbst entscheiden, wie bunt und facettenreich das finale Meisterwerk sein soll.

VERZEICHNIS DER ZITATE

Auf viele der verwendeten Zitate sind wir im Laufe der Reise gestoßen. Andere haben wir während des Verfassens herausgesucht. Dabei wurde großer Wert auf die Prüfung jedes Zitats gelegt. In einzelnen Fällen war eine hundertprozentige Zuschreibung allerdings nicht möglich.

Aesop (6. Jh. v. Chr.) war ein griechischer Dichter von Fabeln und Gleichnissen. Die ihm zugeschriebenen Werke und Zitate, wie etwa *»Jede Wahrheit hat zwei Seiten. Wir sollten uns beide Seiten anschauen, bevor wir uns für die eine entscheiden«*, wurden mündlich überliefert und erst später niedergeschrieben.

Henry Ward Beecher (1813 – 1887) war ein US-amerikanischer Prediger, der sich für die Abschaffung der Sklaverei eingesetzt hat. Das Zitat *»The art of being happy lies in the power of extracting happiness from common things«* findet sich u.a. unter dem Titel »The Art of Being Happy« in Warren's Reading Selections aus dem Jahr 1879.

Josh Billings (1818 – 1885) war ein US-amerikanischer Schriftsteller und Humorist. Das Zitat *»Be like a postage stamp. Stick to one thing until you get there«* wird ihm seit den 1890er Jahren in unterschiedlichen Artikeln zugeschrieben.

Karen Blixen (1885 – 1962) war eine dänische Schriftstellerin. Ihre Werke erschienen auch unter den Pseudonymen Tania Blixen und Isak Dinesen. Das Zitat *»The cure for anything is salt water: sweat, tears, or the sea«* stammt aus der Kurzgeschichtensammlung »Seven Gothic Tales«, die 1934 erschien.

Giovanni Boccaccio (1313 – 1375) war ein italienischer Schriftsteller und bedeutender Vertreter des Renaissance-Humanismus. Das Zitat *»È meglio fare e pentere che starsi e pentersi«* stammt aus seinem Meisterwerk »Decamerone«, in dem er mit bis dahin unbekanntem Realismus und Witz die facettenreiche Gesellschaft des 14. Jahrhunderts beschreibt.

Bertolt Brecht (1898 – 1956) war ein deutscher Dramatiker, Librettist und Lyriker, der u.a. das »dialektische Theater« begründet hat. Das Zitat *»Erst kommt das Fressen, dann kommt die Moral«* stammt aus dem Theaterstück »Die Dreigroschenoper«.

Joseph Campbell (1904 – 1987) war ein US-amerikanischer Professor und Autor mit Fokus auf dem Gebiet der Mythologie. Das Zitat *»People say that what we're all seeking is a meaning for life. I don't think that's what we're really seeking. I think what we're seeking is an experience of being alive«* stammt aus dem 1988 erschienenen Werk »The Power of Myth«.

Dale Carnegie (1888 – 1955) war ein US-amerikanischer Kommunikations- und Motivationstrainer. Seinen größten Erfolg landete er mit »How to Win Friends and Influence People« (»Wie man Freunde gewinnt«), das 1937 erschien und sofort zum Bestseller wurde. Das Zitat *»You can make more friends in two months by becoming interested in other people than you can in two years by trying to get other people interested in you«* ist eine der Kernaussagen des Buches.

Winston Churchill (1874 – 1965) war zweimal britischer Premierminister (von 1940 bis 1945 und von 1951 bis 1955) und führte Großbritannien durch den Zweiten Weltkrieg. Das Zitat *»It's not enough that we do our best. Sometimes we have to do what's required«* findet sich u.a. im Forbes Book of Business Quotations aus dem Jahr 2007.

Charles Dickens (1812 – 1870) war einer der bedeutendsten englischen Schriftsteller. Eines seiner bekanntesten Werke ist »A Christmas Carol« (»Eine Weihnachtsgeschichte«), das am 19. Dezember 1843 erschien. Daraus stammt auch das Zitat »*There is nothing in the world so irresistibly contagious as laughter and good humor.*«

Marie von Ebner-Eschenbach (1830 – 1916) war eine österreichische Schriftstellerin, die mit ihren psychologischen Erzählungen zu den bedeutendsten deutschsprachigen Autoren des 19. Jahrhunderts zählt. Das Zitat »*Für das Können gibt es nur einen Beweis: das Tun*« stammt aus dem 1893 erschienenen Band »Aphorismen«.

Albert Einstein (1879 – 1955) war ein deutscher Physiker mit Schweizer und US-amerikanischer Nationalität. Er war nicht nur einer der bedeutendsten Wissenschaftler, sondern machte sich auch viele Gedanken über den Sinn des Lebens und den Menschen. Zwei ausgewählte Zitate in diesem Buch sind »*Der gesunde Menschenverstand ist nur eine Anhäufung von Vorurteilen, die man bis zum 18. Lebensjahr erworben hat*« und »*Es gibt zwei Arten sein Leben zu leben: Entweder so, als wäre nichts ein Wunder, oder so, als wäre alles eines.*«

T. S. Eliot (1888 – 1965) war ein englischsprachiger Lyriker, Dramatiker und Kritiker, der als einer der bedeutendsten Vertreter der literarischen Moderne gilt. Das Zitat »*We shall not cease from exploration, and the end of all our exploring will be to arrive where we started and know the place for the first time*« stammt aus seiner Gedichtreihe »Four Quartets«, die erstmals 1943 veröffentlicht wurde.

Werner Finck (1902 – 1978) war ein deutscher Kabarettist, Schauspieler und Schriftsteller. Das Zitat »*Die schwierigste Turnübung ist immer noch, sich selbst auf den Arm zu nehmen*« wird ihm in zahlreichen Publikationen zugeschrieben.

Theodor Fontane (1819 – 1898) war ein deutscher Schriftsteller, Journalist und Kritiker, der als einer der bedeutendsten Vertreter des Realismus gilt. Das Zitat »*Courage ist gut, aber Ausdauer ist besser. Ausdauer, das ist die Hauptsache*« findet sich im Roman »Der Stechlin«, der erstmals 1897 publiziert wurde.

Henry Ford (1863 – 1947) gründete die Ford Motor Company, mit der er die Fließbandfertigung im Automobilbau perfektionierte. Das Zitat »*If you always do what you've always done, you'll always get what you've always got*« wird in zahlreichen Artikeln und Medien auf ihn zurückgeführt.

Viktor Frankl (1905 – 1997) war ein österreichischer Neurologe, Psychiater und Begründer der Logotherapie und Existenzanalyse. Das Zitat »*Im Gegensatz zum Tier sagt dem Menschen kein Instinkt, was er muss. Und im Gegensatz zum Menschen in früheren Zeiten sagt ihm keine Tradition mehr, was er soll. Und nun scheint er nicht mehr recht zu wissen, was er eigentlich will*« findet sich u.a. im Buch »Der Mensch vor der Frage nach dem Sinn«, das 1985 als Auswahl aus dem Gesamtwerk erschienen ist.

Mahatma Gandhi (1869 – 1948) war ein indischer Rechtsanwalt, Publizist, Morallehrer, Asket und Pazifist, der zum geistigen und politischen Anführer der indischen Unabhängigkeitsbewegung wurde. Das Zitat »*Strength does not come from physical capacity. It comes from an indomitable will*« stammt aus dem 1920 erschienen Werk »The Doctrine Of The Sword«.

Ernest Hemingway (1899 – 1961) war einer der erfolgreichsten US-amerikanischen Schriftsteller, dessen Werke von seinen Tätigkeiten als Reporter, Kriegsberichterstatter und Abenteurer geprägt sind. Das Zitat »*It is by riding a bicycle that you learn the contours of a country best, since you have to sweat up the hills and can coast down them. Thus you remember them as they actually are, while in a motorcar only a high hill impresses you*« erschien posthum 1967 in der von William White gesammelten Ausgabe »By-Line: Ernest Hemingway«.

Edgar Watson Howe (1853 – 1937) war ein US-amerikanischer Journalist, Autor und Zeitungsredakteur. Das Zitat »*A modest man is usually admired, if people ever hear of him*« wird in zahlreichen Artikeln und Medien auf ihn zurückgeführt.

Steve Jobs (1955 – 2011) war ein US-amerikanischer Unternehmer und Mitgründer sowie langjähriger CEO von Apple Inc. Das Zitat »*The only way to do great work is to love what you do*« stammt aus seiner Rede »Stay Hungry, Stay Foolish« an die Absolventen der Stanford University im Jahr 2005.

Immanuel Kant (1724 – 1804) war ein deutscher Philosoph der Aufklärung, der mit seiner Arbeit einen wichtigen Beitrag für den Aufbruch in die moderne Philosophie geleistet hat. Der Satz »*Wer sich aber zum Wurm macht, kann nachher nicht klagen, daß [sic] er mit Füßen getreten wird*« stammt aus seinem Werk »Die Metaphysik der Sitten«.

Erich Kästner (1899 – 1974) war ein deutscher Schriftsteller, Publizist, Drehbuchautor und Kabarettdichter. Bekannt wurde er mit seinen Kinderbüchern wie »Emil und die Detektive«. Das Zitat »*Man kann auf seinem Standpunkt stehen, aber man sollte nicht darauf sitzen*« wird ihm in zahlreichen Publikationen zugeschrieben.

Alan Kay (*1940) ist ein US-amerikanischer Informatiker, der wesentliche Durchbrüche u.a. in der objektorientierten Programmierung und Gestaltung grafischer Benutzeroberflächen herbeigeführt hat. Er wurde damit selbst zum Beispiel für das durch ihn geprägte Zitat »*The best way to predict the future is to invent it*«, das er erstmals 1971 in einer Rede am Palo Alto Research Center einsetzte.

John F. Kennedy (1917 – 1963) war von 1961 bis 1963 der 35. Präsident der Vereinigten Staaten von Amerika. Das Zitat »*Nothing compares to the simple pleasure of a bike ride*« wird u.a. von der »White House Historical Association« auf ihn zurückgeführt.

Pavel Kosorin (*1964) ist ein tschechischer Schriftsteller und Aphoristiker. Das Zitat »*Wenn du dich selbst für den Nabel der Welt hältst, leidest du vermutlich an einem totalen Orientierungsverlust*« wird in zahlreichen Publikationen auf ihn zurückgeführt.

Constanze Kurz (*1974) ist eine deutsche Informatikerin, Sachbuchautorin und Sprecherin des Chaos Computer Clubs (CCC), die vor allem auf dem Gebiet des Datenschutzes hervorgetreten ist. Das Zitat »*Zu niemandem ist man ehrlicher als zum Suchfeld von Google*« brachte sie mehrfach als Sprecherin des Chaos Computer Clubs ein.

John Lennon (1940 – 1980) war ein britischer Musiker, Autor, Schauspieler und Friedensaktivist, der insbesondere als Sänger und Gitarrist der Rockband »The Beatles« berühmt wurde. Die Zeile »*Life is what happens to you while you're busy making other plans*« ist Teil des Songs »Beautiful Boy«, der 1980 auf seinem letzten gemeinsam mit Yoko Ono veröffentlichten Album »Double Fantasy« erschien.

Martin Luther King Jr. (1929 – 1968) war ein US-amerikanischer Baptistenpastor und der bekannteste Sprecher der Bürgerrechtsbewegung der Afroamerikaner. Das Zitat »*We are prone to judge success by the index of our salaries or the size of our automobiles rather than by the quality of our service and relationship to mankind*« stammt aus dem 1958 erschienenen Artikel »My Pilgrimage to Nonviolence«.

Nelson Mandela (1918 – 2013) war von 1994 bis 1999 der erste schwarze Präsident Südafrikas. Er wurde insbesondere durch seinen Widerstand gegen die Apartheid und den anschließenden Übergang zum demokratischen Staatswesen bekannt. Das Zitat »*Education is the most powerful weapon we can use to change the world*« stammt aus einer Rede Mandelas im Jahr 2003 beim Launch des Mindset Networks.

Groucho Marx (1890 – 1977) war ein US-amerikanischer Schauspieler und Entertainer, der insbesondere als Wortführer der Marx-Brothers zu einem der erfolgreichsten amerikanischen Comedians wurde. Der Ausspruch »*Those are my principles, and if you don't* *like them … well, I have others*« wurde u.a. 1983 im »Yale Book of Quotations« auf ihn zurückgeführt.

Barack Obama (*1961) war von 2009 bis 2017 der 44. Präsident der Vereinigten Staaten von Amerika. Das Zitat »*The forces that divide us are not as strong as those that unite us*« stammt aus der Tucson-Attentat Gedenkrede aus dem Jahr 2011.

Pablo Picasso (1881 – 1973) war ein spanischer Maler, Grafiker und Bildhauer, dessen Gesamtwerk durch eine große Vielfalt künstlerischer Ausdrucksformen und Techniken geprägt war. »*Todos los niños nacen artistas, lo difícil es seguir siendo un artista cuando crecemos*« ist ein häufig zitierter Ausspruch von Picasso.

Jim Rohn (1930 – 2009) war ein US-amerikanischer Unternehmer, Autor und Motivationstrainer. Sein Zitat »*Take care of your body. It's the only place you have to live*« findet sich in zahlreichen Medien und Artikeln.

Antoine de Saint-Exupéry (1900 – 1944) war ein französischer Schriftsteller und Pilot. Seine märchenhafte Erzählung »Der kleine Prinz« gehört zu den erfolgreichsten Werken der Welt. Das Zitat »*Car il suffit pour y voir clair de changer de perspective*« stammt aus dem 1948 posthum veröffentlichten Werk »Citadelle« (»Die Stadt in der Wüste«).

Mike Sinyard (*1950) ist Gründer und Vorsitzender von Specialized Bicycle Components, einem amerikanischen Hersteller von Fahrrädern und Fahrradkomponenten. Mit dem Ausspruch »*Give me a problem we face globally and I give you the bike as a big part of the solution*« rief er unter anderem dazu auf sich an den globalen Klimastreiks zu beteiligen.

Sokrates (469 v. Chr. – 399 v. Chr.) war ein griechischer Philosoph, der Grundlagen für das abendländische Denken schaffte. Die Überlieferung seines Wissens beruht auf Schriften anderer. So auch das Zitat »*Wie viele Dinge gibt es doch, die ich nicht brauche.*«

Alfred Lord Tennyson (1809 – 1892) war ein britischer Dichter des Viktorianischen Zeitalters. Das Zitat »*I am a part of all that I have met*« stammt aus dem Gedicht »Ulysses«, das Tennyson im Oktober 1833 fertigstellte, aber erst 1842 veröffentlichte.

Frank Thiess (1890 – 1977) war ein deutscher Schriftsteller, der sich selbst als Vertreter der Inneren Emigration bezeichnete. Das Zitat »*Angst haben wir alle. Der Unterschied liegt in der Frage wovor*« wird ihm in zahlreichen Publikationen zugeschrieben.

Paul Watzlawick (1921 – 2007) war ein österreichischer Kommunikationswissenschaftler, Psychotherapeut, Philosoph und Autor. Das Zitat »*Der Andersdenkende ist kein Idiot, er hat eben nur andere Aspekte der Wirklichkeit in den Mittelpunkt gestellt*« stammt aus seinem Werk »Lösungen: Zur Theorie und Praxis menschlichen Wandels« aus dem Jahr 1974.

Edith Wharton (1862 – 1937) war eine US-amerikanische Schriftstellerin und Verfasserin sozialkritischer Romane. Das Zitat »*To visit Morocco is still like turning the pages of some illuminated Persian manuscript all embroidered with bright shapes and subtle lines*« stammt aus ihrem Werk »In Morocco«, das 1920 erschienen ist.

Oscar Wilde (1854 – 1900) war ein irischer Schriftsteller, der als Lyriker, Romanautor, Dramatiker und Kritiker zu den bekanntesten und gleichzeitig umstrittensten Autoren seiner Zeit zählte. Beide in diesem Buch zitierten Phrasen (»*It is always with the best intentions that the worst work is done*« und »*One is tempted to define man as a rational animal who always loses his temper when he is called upon to act in accordance with the dictates of reason*«) stammen aus seinem Essay »The Critic as Artist«, der 1891 in der Sammlung »Intentions« publiziert wurde.

DANKSAGUNG

Dieses Buch wäre ohne eine Vielzahl anderer Leute nicht möglich gewesen.

Zuallererst möchten wir all jenen Personen danken, die wir auf unserer Radreise kennenlernen durften, die uns mit ihren Geschichten, Gesten und Denkanstößen begeistert und letzten Endes dazu inspiriert haben, dieses Buch zu schreiben und beSonder zu gründen.

Ganz besonderen Dank an alle, die unser Skript in teils noch sehr unreifen Stadien zur Durchsicht erhalten und uns mit ihren Anmerkungen zu einem finalen Buch verholfen haben:

Danke »profe Don Bernardo« Bernhard Klima (für dich auch allen voran ein »Vagötz'God«).

Danke Andrea Plöchl für deine unfassbare Geduld und dein geschultes Lehrerinnenauge und Franz Plöchl für den sachlichen Input, den man nur von einer juristischen Schlüsselkraft wie dir erhalten kann.

Danke Stefan Schaller und Susanne Reupichler, dass ihr uns vor allzu »lieblichen« Adjektiven, »extrem plötzlichen« Wendungen und falsch platzierten Beistrichen bewahrt habt.

Danke Cornelia Czaker für deine zahlreichen professionellen Anmerkungen und dass du »schmunzelnd« unseren Stil berücksichtigt hast.

Danke Christoph Angster, dass aus unserer Kinderzeichnung ein anschauliches Cover wurde.

Danke den Buchhändlern und der Buchdruckerei.

Danke allen Leserinnen und Lesern, dass ihr mit dem Kauf dieses Buches unsere Arbeit unterstützt und wir unsere Philosophie des »Mitgehenlassens« mit euch teilen dürfen.

Ebenso möchten wir uns bei Personen, die uns am Weg in die Selbständigkeit ganz maßgeblich unterstützt haben, bedanken:

Danke Andreas Schäfer für das stets offene Ohr und die wertvollen Tipps, ohne die es beSonder in dieser Form nie geben könnte.

Danke Kurt Wagner für deine unendliche Geduld und deine Hilfeleistungen, bei all den Dingen, bei denen wir grafisch Unterstützung brauchen (also bei allen).

Danke Benjamin Lechner, dass wir dir den letzten Nerv bei der Erstellung unserer Website rauben durften.

Danke Anna-Maria Mileder und Michael Plöchl, dass ihr uns für unseren Online-Auftritt eure hübschen Gesichter geliehen habt.

Danke allen Veranstaltungspartnern für euer Engagement und den intensiven Austausch in den vergangenen Monaten. Wir freuen uns darauf gemeinsam das Entdecken erlebbar zu machen.

Danke John Koenig, dass du unheimlich komplexen Gefühlszuständen mit deinem »Dictionary of Obscure Sorrows« einen Namen gibst, wobei du uns beSonder(s) mit »Sonder« berührt hast.

Vielen Dank an unsere Eltern, Helga und Ferdinand Breinschmid sowie Andrea und Franz Plöchl, dass ihr uns einen sportlichen, naturverbundenen Lebensstil nähergebracht habt, unsere oft wirren und abenteuerlichen Ideen mitträgt und uns dabei hin und wieder mit eurem Zweifel dazu animiert, euch vom Gegenteil überzeugen zu wollen. ;-)

ÜBER DIE AUTOREN

Christoph Breinschmid, geboren 1987 in Niederösterreich, studierte Tourismusmanagement und European Studies in Krems, Moskau und Eisenstadt. Sein beruflicher Weg führte ihn u.a. nach Wien, Paris, Barcelona und Kolumbien, wobei er sich in diversen Projekten der regionalen, europäischen und internationalen Zusammenarbeit widmete.

Elisabeth Plöchl, geboren 1996 in Oberösterreich, arbeitete nach ihrer Schulzeit für eine Initiative, die integrationsfördernde Maßnahmen in ganz Österreich umsetzt. Schon seit ihrem Auslandssemester in Paris haben sie verschiedene Kulturen und Sprachen begeistert, weshalb Interkulturalität eine ganz besondere Rolle in ihrem Leben spielt.

Neues zu entdecken, in das Leben anderer Menschen einzutauchen und Inspirationen für ihr eigenes mitzunehmen – diese Dinge begeistern das stets getriebene Paar am meisten. Im Sommer 2019 beschlossen sie daher, ihre Angestelltenverhältnisse zu beenden und mit dem Rad nach Marokko zu fahren. Die auf ihrem Weg gesammelten Eindrücke und Begegnungen bewegten sie zur Gründung ihres Unternehmens. Mit beSonder möchte das Unternehmer-Paar seine Freude am Entdecken weitergeben und hat sich zum Ziel gesetzt, inspirierende Geschichten vor den Vorhang zu holen.

Auf los geht's los: Von Baden bei Wien ins 3800 Kilometer entfernte Rabat, Marokko. Los!

Ob Elisabeth etwa schon bei der Einfahrt nach Landshut wusste, was kommen wird?

Danke an die vier Passanten, die uns vor einer Geldstrafe am Ende der Brücke bewahrt haben.

Dafür hier am Genfersee auf dem Weg zum teuersten Mineralwasser unseres Lebens.

Vive la France!

... und immer brav alles notieren!

Was war in dem Wasser von Serrey, dass alle Leute so sehr liebten, was sie taten?

»Hupf in Gatsch, und schlog' a Wölln!«
Das Moutainbike fühlt sich dort am wohlsten ...

... dafür nächtigt es dann besser im Pferdestall – wie hier bei Maude am Bio-Hof.

Zimmer sind vor allem zum Wäschetrocknen da – brenzlig wurde es nur eimal ...

... als wir »schlauerweise« auch die Nachtlampen in Angriff nahmen (rechts unten).

Zeitig starten hieß es, um die Tour de France einzuholen ...

... dafür wurden wir mit gewaltiger Stimmung belohnt.

»The cure for anything is salt water: sweat, tears ...

... or the sea.« (Karen Blixen)

Auf geht's …

Idealerweise mit 1,5 Meter Abstand beim Überholen, die selten beachtet wurden.

... in die Pyrenäen.

Ohne Donnern und Blitzen wären wir die geniale Strecke glatt nochmals gefahren.

Bienvenidos im sonnigen Spanien ...   ... mit eingefrorenen Fingern.

Die Costa Brava im Regen dennoch mit ihrem unverkennbaren Charme!

Doppel-Jackpot: Patschen und durch Zaun beendete Straße am Weg nach Barcelona.

Vamos a la playa: Barcelonas Strand im Übergang von der Siesta zur Fiesta.

Rauf von Barcelona auf den Tibidabo (links und rechts oben).

Mit der Radhose schwimmt es sich am besten.

»Es ist besser zu genießen und zu bereuen, als zu bereuen, dass man nicht genossen hat.«
(Giovanni Boccaccio)

... besonders in einer der genussvollsten Städte der Welt: Valencia.

»Sie dürfen die Braut jetzt küssen.«

Wie in jeder Ehe: Es braucht immer wieder Luft und Liebe.

Insbesondere zwischen Águilas und Cabo de Gata ...

... ist das Radeln in Südspanien ein Traum.

Premiere des Musicals »Cats« in Cartagena vor der Pensión Balcones Azules.

The one and only »Rodriguez«.

Von nun an ging's bergauf …

... oder durch dunkle Tunnel durch. Aber immerhin mit gut 1,5 Meter Abstand.

Einfahrt nach Almería: vor uns Clara und Juán. Gracias por la noche divertida!

Unmittelbar neben Andalusiens Traumstränden: unmenschliche Zustände im Mar de Plástico. Auf 35000 Hektar wachsen hier u.a. unsere Tomaten im Winter ...

Spanische Radwege haben ihren ganz eigenen Reiz.

Laut Google Maps führt an diesem Abschnitt der Radweg nach Marbella entlang.

Vorsicht: gefährlicher Badener ...

... und noch gefährlichere Stiere.

Am Felsen von Gribaltar vorbei ...

... bis an den südlichsten Punkt des europäischen Festlands: Tarifa.

Radeln in Marokko ...

... ein wunderbares Wirrwarr.

Überwältigende Ankunft in Rabat, der Hauptstadt Marokkos.

Lernen vom großen Meister Mustafa: »Moroccan mint tea has to have bubbles.«

Bunte Märkte voller Geschichten.

Der große Marktplatz von Marrakesch: Djemaa el Fna.

Ganz klassischer Touri-Spaß darf nach so einer Reise natürlich auch nicht fehlen.

Zum Reflketieren und Entschleunigen ...

... ging es mit Ibrahim auf den Mount Toubkal im Atlas Gebirge.

Fahrräder sachgerecht »marokkanisch« verpackt ...

... und wieder bereit für die mitteleuropäische Zivilisation.

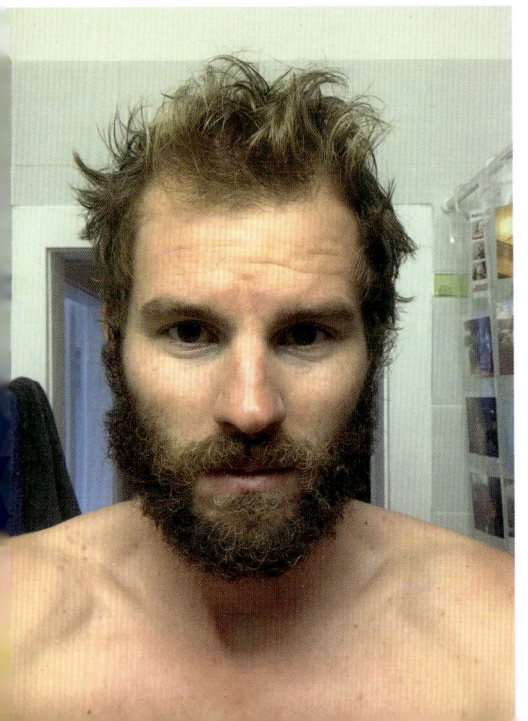